Martina Flor
EL GRAN SALTO

Dirección creativa: Martina Flor
Diseño editorial: Elías Prado
Diseño de Cubierta: Elías Prado y Martina Flor
Fotografía: Soraya Cremallé Sa
Coordinación documental: Josefina Anglada

Printed in Spain
ISBN: 978-84-252-3177-3
Depósito legal: B. 13619-2019
Impresión: agpograf impressors, Barcelona

Editorial Gustavo Gili, SL
Via Laietana, 47, 2°, 08003 Barcelona, España. Tel. (+34) 933228161
Valle de Bravo 21, 53050 Naucalpan, México. Tel. (+52) 5555606011

Martina Flor
EL GRAN SALTO

GUÍA PARA LANZARTE COMO **FREELANCE**
EN LAS INDUSTRIAS CREATIVAS

GG®

ÍNDICE

Capítulo 5: EL DÍA A DÍA

Capítulo 6:
SER UN PROFESIONAL 1:
PREPARAR UN ENCARGO

Capítulo 7: SER UN PROFESIONAL 2:
EJECUTAR EL ENCARGO

Capítulo 8: CRECIMIENTO
SOSTENIBLE

INTRODUCCIÓN

Imagínate un trabajo que esté hecho a tu medida. Un trabajo que tenga los horarios que quieres, en el que hagas las tareas que deseas, y elijas cuándo trabajar y cuándo tomarte vacaciones. En donde decidas de qué color son las paredes de tu oficina, en qué silla te vas a sentar y si tu escritorio mira hacia la ventana o hacia la pared. Un trabajo en el que selecciones tu fondo de pantalla y hasta la marca del café que se toma. En pocas palabras: un trabajo soñado, al que tengas ganas de ir todos los días. Ese trabajo no existe. Todavía. Pero sí existe alguien que tiene el poder de hacerlo posible: tú.

Lanzarse como freelance es la oportunidad de trabajar en algo que te gusta, aunque conseguirlo nunca dependerá del azar: serás tú quien deberás dar cada paso en el camino para llegar a ese objetivo.

En tu estudio decidirás el tipo de trabajo que quieres hacer y qué encargos aceptarás y cuáles rechazarás. Ya no habrá un jefe que te asigne proyectos, sino que serás tú quien elija aquellos que tienes ganas de hacer y que consideras que marcan la diferencia. El proyecto será tuyo.

El porqué de este libro

Desde el año 2010 dirijo un estudio de lettering y tipografía customizada en Berlín, Alemania. Como parte de mi proyecto, conduzco workshops de lettering y diseño de tipos, en los que enseño, básicamente, a dibujar letras. Y recibo todo tipo de perfiles creativos: ilustradores, diseñadores, calígrafos, letristas, animadores... Muchos de ellos se muestran interesados en introducirse en el mundo de las letras, otros, claramente habilidosos en la técnica, asisten tan solo para entender cómo lo hago, es decir, cómo me organizo para vivir de ello.

Algo que implemento desde que comencé con los cursos es reservar 30 minutos de cada sesión para abrir una ronda de preguntas y respuestas. En ella, el 90 % de las preguntas que me formulan son acerca del negocio: ¿cómo haces para conseguir clientes?

¿Cómo pones precio a tu trabajo? ¿Cómo construiste tu portfolio sin tener clientes? ¿Cuándo decidiste dar el gran paso? ¿Cómo consigo un agente? Yo también tuve las mismas preguntas. Y hubiera valorado mucho contar con una guía que me mostrase el camino, que me contase de qué se trata ser freelance y cómo dar los primeros pasos. Y no hablo solamente de preparar presupuestos y sobrevivir trabajando como freelance, sino de construir un proyecto del que estar orgulloso, que lleve tu estampa, represente tu visión y que, en definitiva, te haga feliz.

Cómo usar este libro

Este es el libro que me hubiera gustado tener cuando decidí lanzarme por mi cuenta. En las páginas que siguen está todo lo que he aprendido en el camino.

Posiblemente, leas este texto recién egresado de la uni y viendo qué es lo que vas a hacer, o quizás ya seas freelance, pero no estés haciendo el trabajo que te gusta ni consiguiendo los clientes que desearías, o quizás te encuentres trabajando en un estudio o empresa y estés considerando lanzarte como freelance. No solo necesitas saber qué es y qué implica esto de trabajar por tu cuenta, sino que también debes entender los pasos concretos para hacerlo. En este libro te contaré, desde mi experiencia personal, de qué se trata ser freelance, cómo organizar los aspectos más elementales y construir un proyecto independiente sostenible.

Para ello, toma este libro como una guía, aprópiatelo, subraya los conceptos que te parezcan relevantes, agrega notas y dedica un tiempo para completar las páginas destinadas a planear tu gran salto al final de cada capítulo; te servirán de hojas de ruta para tus próximos pasos. Ya verás que ser freelance tiene sus cosas difíciles, pero es sin duda una aventura superexcitante.

¡Embarquémonos!

Martina
Flor

Freelance = emprendedor

Ser freelance es, en otras palabras, ser un emprendedor. A partir de ahora, serás el dueño de tu negocio —por pequeño que sea—, quien decide hacia dónde se dirige, el que toma las decisiones, serás también quien ejecuta el trabajo, quien busca clientes y habla con ellos, el que emite las facturas y quien las paga. Suena a mucho por hacer, ¿verdad? Lo es y, por eso, requerirá un cambio de actitud por tu parte.

Como todo empleado, estás acostumbrado a recibir órdenes de tu jefe o jefa. Cuando hay trabajo por hacer, lo haces. En las jornadas en las que no hay proyectos que apremian, te tomas la licencia de navegar por internet, prepararte un café de más, o disfrutar de una sobremesa un poco más larga de lo habitual.

Sin embargo, como freelance, las cosas son distintas: no existe ningún momento en el que no haya trabajo que hacer, pues no solo se trata del quehacer creativo, sino que involucra muchos otros aspectos con los que posiblemente no hayas tenido que lidiar hasta ahora. Cuando no estés haciendo encargos para clientes, estarás actualizando tu web con tu último proyecto, pagando una factura o tratando de conseguir el próximo cliente. Para esto, deberás aprender cosas nuevas, por ejemplo: cómo declarar tus impuestos a Hacienda, o cómo manejar un software que te ayude a mantener tu web.

Por supuesto que, en muchos casos, podrás contar con colaboradores. Por ejemplo, puedes delegar todo lo relacionado con la declaración de impuestos a un gestor o contable, o contratar a un diseñador web para que actualice tu portfolio. Todas estas son herramientas a tu alcance y es inteligente hacer uso de ellas, pero, aun así, te encontrarás con muchas otras tareas de las que no tenías noticia hasta ahora. Este es el gran cambio de ser freelance: deberás estar "de guardia" la mayoría del tiempo. La actitud pasiva en la que posiblemente te encuentres en este momento deberá cambiar y convertirse en una actitud activa.

Mapa de alcance

En la mayoría de los casos, la decisión de ser freelance va acompañada de la de dedicarse a realizar determinado trabajo que te gusta y, por lo tanto, dejar de hacer otras cosas que no son de tu agrado. Trabajar por cuenta propia lleva consigo muchas responsabilidades, de manera que por lo menos deberías procurar llevar a cabo el trabajo que te haga más feliz. Esa será tu recompensa.

Cuando recién comienzas, lo más común es que no tengas la cantidad de encargos que son necesarios para cubrir tus gastos y, sobre todo, que los encargos que sí has recibido no estén relacionados con aquello que, específicamente, te apetezca hacer. No pasa nada, es válido realizar encargos que te ayuden a pagar las facturas mientras te dedicas a atraer otros más deseables. Todo, lo que puedes y también lo que quieres hacer, te ayudará a darle impulso a tu práctica como trabajador independiente.

Ya sea que desees dedicarte solo a la ilustración, o a la fotografía, o al diseño gráfico, o bien a todo a la vez pero en un área específica, por ejemplo, la cultura, o la industria farmacéutica, es necesario que definas tu mapa de alcance. Este mapa está definido por dos cuestiones:

Las cosas que puedes hacer:
Es decir, todo lo que puedes realizar con tus capacidades. Por ejemplo, si eres diseñador gráfico puedes dedicarte al diseño corporativo, a hacer folletos, logotipos, *layout*, diseño editorial, entre muchas otras cosas. O si eres fotógrafo, puedes hacer fotografía de eventos sociales, o artística, o foto de producto, o documental, entre otras muchas. Esos son tus recursos, aquello con lo que cuentas para alcanzar tus objetivos.

Las cosas que quieres hacer:
Esto es, en concreto, el trabajo que te gusta hacer y a lo que quieres dedicarte a tiempo completo. Es tu norte, a lo que deseas llegar, y no debes perderlo de vista en ningún momento.

Lo primero es lo que, en muchos casos, te ayudará a financiar lo segundo. En el inicio de tu nueva vida como freelance, aceptar encargos que puedes realizar, aunque no los disfrutes mucho, te ayudará a pagar las facturas mientras te diriges hacia tu objetivo: lo que deseas hacer.

Es muy importante que no pierdas de vista tu objetivo y que te asegures de que esos trabajos que aceptas para pagar las facturas no te impidan dedicar tiempo a alcanzar tu meta. Así, procura guardar unas horas de tu jornada para llevar a cabo proyectos que te permitan ampliar tu portfolio. E, incluso, puedes intentar resolver esos encargos que no te gustan tanto empleando tu *expertise*, las habilidades o competencias que desees explotar. Con ello, el beneficio es doble: pagas las facturas y amplías tu portfolio.

Recuerdo que cuando recién comencé con mi estudio de lettering y tipografía customizada en Berlín recibí algunos encargos de diseño gráfico o identidad. En ese entonces, resolví algunos de ellos con soluciones tipográficas, de manera que pudiese incluirlos en mi página web. Y esos clientes, por lo tanto, se convirtieron en clientes de mi estudio. Tener presente lo que quieres hacer y dedicarle tiempo a ello es esencial, así como también es fundamental tener paciencia, porque no va a ocurrir de la noche a la mañana. Pasarán algunos meses hasta que encuentres el ritmo equilibrado, y tengas tus primeros encargos sólidos, y que estos atraigan nuevos encargos. Requerirás más que nunca de tu paciencia y proactividad.

Los beneficios de ser tu propio jefe: el placer de construir algo propio

Como vengo diciendo, al ser freelance, serás tú quien toma las decisiones sobre todos los aspectos de tu práctica, lo que te permitirá moldear tu trabajo a tu medida y tu deseo, algo verdaderamente fabuloso. Tu personalidad y tu forma de vida tendrán un impacto directo sobre lo que haces: si eres una persona ansiosa o tranquila, afectará positiva o negativamente a tu negocio; si funcionas mejor de noche que de día, puedes acomodar tus tareas de acuerdo con ello, y, por ejemplo, trabajar con clientes que se encuentran en otro huso horario; si te gusta viajar, podrás buscar actividades que te lleven a distintas ciudades, como, por ejemplo, dar charlas en conferencias o impartir workshops.

En este nuevo proyecto, todo está por decidir, y tú eres el punto de partida y el eje central de aquello que construyas. Comprobarás que ser freelance es el placer de construir algo propio.

— El potencial de ganar más

¡Otra buena noticia! Al contrario de lo que muchos creen, un freelance exitoso puede llegar a tener unos ingresos sustancialmente mayores que los de un empleado. O ganar lo mismo que aquel trabajando considerablemente menos horas. Un encargo puede ayudarte a pagar tres meses de facturas, pero ocupándote solo uno. Dependiendo de aquello que hagas, hay encargos que, una vez terminados, pueden seguir dándote ganancias durante mucho tiempo sin necesidad de que debas volver a trabajar en ellos.

Las posibilidades de aumentar tus ingresos se multiplican cuando trabajas por cuenta propia, pues también puedes explotar muchísimos aspectos de tus habilidades. Si te dedicas, por ejemplo, a la fotografía, puedes realizar trabajos para clientes por encargo, pero también tienes la posibilidad de vender tus fotos, y si se te da bien la docencia, además dar clases y talleres, o hacer todas esas cosas a la vez. Más adelante veremos cómo ampliar tu abanico de posibilidades. No obstante, debes mantener tus precios y tus gastos en un nivel acorde con tu escala, por esto, también hablaremos también sobre cómo poner precio a tu trabajo, uno de los aspectos más importantes y complejos de tu práctica.

— La capacidad de manejar tus horarios

Manejar tus horarios te da la gran libertad de poder ser flexible e independiente, sin tener que pedir permiso a nadie para hacer tal o cual cosa a la hora que te apetezca. Dicho esto, deberás manejarte en ciertas franjas temporales en las que tus clientes tengan la posibilidad de encontrarte. Organizar tu jornada también requiere criterio y celeridad. Siempre digo que, si cuando has trabajado para otra persona de nueve a seis cumplías el horario religiosamente,

¿por qué no ibas a hacerlo ahora que trabajas para ti? Cuando uno trabaja por su cuenta, en ausencia de un jefe vigilante y todopoderoso que dicta lo que se debe hacer, ser capaz de seguir un patrón requiere de cierta constancia.

Lo ideal es que tu jornada laboral esté adaptada a ti. Por ejemplo, si te gusta dormir, planea un día que empiece un poco más tarde de lo habitual y se extienda por la tarde, o puedes establecer que los viernes sean libres o trabajes solo medio día. Olvídate de las estructuras que has seguido hasta ahora, ¡tus jornadas laborales pueden ser como tú quieras! Lo importante es que asignes determinados momentos del día al desarrollo de tus tareas, para que tu práctica mantenga cierto orden y constancia. También deberás asignarles un lugar, establecer un espacio en el que ese trabajo se ejecute. De eso hablaremos más tarde.

— La toma de decisiones

Bienvenido a la vida adulta, ahora también tomarás las decisiones que afectan a todos los aspectos de tu vida laboral: decidirás qué encargos rechazar, cuáles aceptar y cuánto cobrar, y dictarás cuál es la mejor manera de resolverlos, elegirás a tus clientes, y dejarás de trabajar para aquellos que no te apetezcan.

Decidirás si las paredes de tu espacio de trabajo son verdes o amarillas, si el café es *moca* o *creme*, y si puedes tomarte la mañana del lunes para ir al médico o visitar a un viejo amigo. Serás el dueño de tu tiempo.

Todas las decisiones que tomes son importantes, pues hablarán de tus valores, tus prioridades y tu marca personal, y tendrán el poder de afectar la marcha de tu práctica. No tengas miedo de hacer las cosas de forma distinta a como las hacen otras personas, la única fórmula que debes aplicar para que tu negocio funcione es la tuya propia.

— La creación de tu marca personal

Todas tus decisiones estarán impregnadas de, y al tiempo comunicarán, una forma particular de hacer las cosas: la tuya. Eso atañe a todos los aspectos de tu negocio: el logo que usas, el color de tu papel membrete, el diseño de tu web, la manera en que te presentas... son algunas de las cuestiones que definen tu marca personal. En tu calidad de freelance, tú eres tu empresa, así que tu marca personal está definida también por tu persona: la forma en que te vistes, la manera en la que hablas con los clientes, si sonríes o no cuando te presentan a un colega, el corte de pelo que llevas. En definitiva: tú constituyes tu marca personal. De ahora en adelante, todos los encargos que hagas hablarán muy íntimamente de tu forma de abordar un proyecto, tus clientes te recomendarán a otros clientes refiriéndose a ti con nombre y apellido, y cada nuevo proyecto exitoso que lleves a cabo ya no contribuirá a mejorar la reputación de tu empleador, sino que capitalizarás ese éxito en tu nombre: estarás construyendo tu propio prestigio.

Esto es algo genial, porque tu trabajo se convierte en un reflejo de quién eres. Dicho esto, también puede ser algo con lo que no resulte fácil lidiar, pues, cuando estás tan íntimamente involucrado con tu trabajo, los errores y desaciertos se toman muy personalmente y pueden afectarte. ¡Cuántas veces me ha costado dormir porque no estaba segura de si el cliente aprobaría el arte final o me he quedado en vela pensando si debería aceptar tal o cual encargo! Asimismo, los aciertos valen el doble. Algunos de los mejores momentos de mi vida y los más memorables han estado conectados con mi estudio y los proyectos que he hecho a través de él.

Los desafíos del freelancing: definir una cultura de trabajo

Cómo administras tu tiempo, cómo hablas con los clientes, cómo cumples con los *deadlines* y con tus propios objetivos, entre muchas otras cosas, define tu cultura de trabajo. Piensa en tu estudio o negocio como si fuera una persona: ¿es respetuoso? ¿Es organizado o caótico? ¿Cumple los *deadlines*? ¿Es sonriente o serio? ¿Amable o amargo? ¿Es prolijo? Todo esto te define hacia afuera y también hacia adentro: define el profesional que quieres ser.

Tu cultura de trabajo está determinada por los puntos que vamos a mencionar en las siguientes páginas. Todos los aspectos de tu práctica la construyen: la calidad del trabajo, el trato diario con los clientes y colaboradores, el compromiso con los proyectos, el horario laboral, las reglas y los procesos.

Tu cultura de trabajo es única y diferencial, y se ajusta a tu persona y manera de ser. Esto es lo que hará que destaques entre la masa.

—Administrar el tiempo

La administración del tiempo es uno de los factores determinantes de tu éxito como freelance. No solo tiene que ver con decidir cuestiones generales como la duración de una jornada laboral, si trabajas de lunes a viernes o te tomas un día libre, o cuándo te vas de vacaciones, sino con definir también el tiempo que dedicas a cada tarea del día a día.

El hecho de no tener una voz de mando que organice tu jornada puede facilitar que tu tiempo se vaya en tareas poco relevantes y es posible que termines el día sin haber alcanzado ningún objetivo. Por eso, es muy importante que determines los objetivos generales y también otros más concretos; cumplir con estos últimos será lo que te ayude a cumplir con los primeros.

La capacidad de trabajar a un buen ritmo también es un valor diferencial. No significa que debas hacerlo siempre, pero sí que estés entrenado para poder aceptar un encargo y resolverlo bien y rápidamente. Para ser veloz, es bueno tener ya establecidos algunos procesos y reglas, de modo que no pierdas el tiempo inventando la rueda cada vez que tengas que resolver un encargo o un proyecto. En el capítulo 5 veremos más en detalle algunas cuestiones prácticas sobre la administración del tiempo.

Dicho esto, no aceptes encargos con *deadlines* poco realistas, pues solo hará que los entregues incompletos y que, además, no te gusten ni a ti ni al cliente. Un trabajo entregado que no puedes incluir en tu portfolio tiene sin duda mucho menos rédito que uno que sí puedes mostrar. Recuerda que el encargo que estás haciendo ahora es el que te traerá más trabajo en el futuro, así que cuanto mejor sea el resultado, mejor serán los futuros trabajos.

Monthly Goals - April 2030

General
– Actualizar la web
– Organizar los materiales y el depósito
– Preparar el espacio de trabajo

Nuevos proyectos
– Escribir *El Gran Salto II*

Enseñanza
– Nuevo curso de diseño de fuentes
– Clase online sobre estilos tipográficos

Administración
– Incorporar Time Tracking

Hace un tiempo comencé a elaborar mensualmente un documento al que llamo "objetivos mensuales". Allí anoto todas las cosas que quiero lograr durante el mes, por ejemplo: actualizar mi web. En este archivo también apunto las tareas por semana, de manera que, para lograr ese objetivo mensual, debo cumplir ciertas metas cada semana. De esta forma, mi trabajo del día a día no está dictado por aquellas cuestiones que recuerdo, que surgen o que espontáneamente me apetece hacer, sino que tengo tareas preestablecidas. Esto me ahorra muchísimo trabajo y tiene una recompensa: el gran placer del objetivo logrado. Trabajar con objetivos aun cuando eres tú solo es muy gratificante, ¡y efectivo!

— Manejar el tiempo libre

Manejar el tiempo libre como freelance es complejo, pues la línea entre trabajar demasiado y demasiado poco es muy fina, y tiene un impacto directo sobre tus ingresos. Como la única persona disponible para hacer el encargo eres tú, te encontrarás por momentos trabajando después de hora o cancelando una cena porque "el original enviado a imprenta tiene un error". O, como tú determinas

Recuerdo que cuando trabajaba como empleada soñaba con poder tener unas vacaciones largas y viajar por el mundo. Hoy, que tengo mi propio estudio, viajo por el mundo trabajando y, paradójicamente, rara vez me tomo vacaciones que duren más de 15 días. El hecho es que unas vacaciones largas me obligan a desatender mi trabajo y mis clientes durante mucho tiempo y eso, para mí, hoy en día, es sinónimo de pérdida. Sin embargo, he sido capaz de organizar mis encargos de una manera que me permite visitar otras ciudades. Ser freelance me dio ese poder de hacer algo que había de soñado durante mucho tiempo: viajar por el mundo.

cuántos días de vacaciones puedes tomarte y cuándo, puede que planees unas extremadamente largas o hayas escogido para viajar la época en la que te llegan más encargos, y esto afecte tus ingresos de todo el año.

Como freelance, eres tanto jefe como empleado, y estos dos personajes te ayudarán a encontrar la respuesta a muchas cosas. Como jefe, piensa cuánto tiempo de vacaciones le darías a un empleado, y piensa también cuánto tiempo de vacaciones te gustaría tener como empleado. La respuesta a la cantidad de días libres que vas a tomarte seguramente sea un promedio entre los dos.

— Las tareas de un freelance

¡Eres el dueño! Pero también eres empleado; el único (por ahora). Eso significa que no solo estarás ejecutando el trabajo creativo, sino que te harás cargo de todas las tareas que este involucra. Te encargarás de posicionar tu marca y de ponerla "allí afuera": actualizarás tu web, escribirás newsletters o diseñarás material promocional. También irás a eventos para conectar con colegas y potenciales colaboradores, e incluso a veces levantarás el teléfono o escribirás un mail a ese cliente que quieres que te contrate.

Cuando te entre un encargo, te alegrarás, y luego pasarás varias horas elaborando un presupuesto. Si se aprueba, comenzarás con la concepción y la ejecución creativa del encargo y, si es necesario, te ocuparás de los aspectos productivos, enviando un trabajo a imprimir o creando un prototipo. Una vez terminado te alegrarás del resultado (y claro, lo tendrás que subir a tu web próximamente) y prepararás la factura. ¡Presta atención a que te la paguen también!, pues serás tú el que deberás procurar que los ingresos menos los gastos de tu negocio resulten con saldo positivo. Ah, por cierto, la impresora no tiene más hojas y falta café: deberías ir a comprar...

En la doble página siguiente, encontrarás un organigrama que detalla cuáles son las tareas básicas de un freelance. ¿Te parecen muchas cosas? En ocasiones pueden serlo, pero no te asustes, que no todos los días están tan cargados de actividades y, detrás de cada una de estas tareas, se encuentra la satisfacción de estar haciendo crecer tu proyecto propio. Estas tareas variarán de acuerdo con tus actividades. Ya veremos más adelante que trabajar para clientes no es lo único que puedes hacer cuando eres freelance: ¡hay mucho más!

— Definir tus reglas

Para definir tus reglas también debes pensar como ambos: jefe y empleado. Como jefe, ¿qué cosas te gustaría que se cumplieran si tuvieras empleados a tu cargo? Como empleado, ¿en qué ambiente de trabajo y estructura te gustaría trabajar? Entre las respuestas a estas dos preguntas encontrarás la clave para elaborar tu set de reglas ideales para ser freelance. Como la voz de mando de tu negocio eres tú mismo, es fácil que te relajes en muchos aspectos y que, luego, esto te afecte negativamente. Definir algunas reglas es esencial para dotarte de una estructura; si no, es fácil que pierdas el control o que, simplemente, termines malgastando el tiempo pensando cada vez una solución para una tarea recurrente.

Estas reglas pueden abarcar aspectos diversos de tu práctica: desde el horario y los días laborales hasta los procedimientos y la forma en la que entregas el trabajo final a un cliente, o incluso a cómo redactas un mail en una situación concreta. Estipular algunas

Tareas básicas de un freelance

1. Comunicación

— Posicionar tu marca
— Crear material promocional
— Actualizar tu portfolio
— Manejo de redes sociales
— Actualización de proyectos
  personales

2. Adquisición de clientes

— Networking
— Contacto con potenciales
  clientes
— *Follow up* de clientes

3. Trabajo creativo / ejecución / seguimiento

— Ejecutar los encargos
— Recibir feedback
— Realizar correcciones
— Entregar producto final

4. Producción y coordinación

— Preparación de originales
  y prototipos
— Coordinación de terceras partes
— Control de calidad
— Seguimiento de producción

5. Presupuestar

— Elaborar presupuestos
  a potenciales clientes
— Seguimiento de clientes
— Negociación de presupuestos
— Firma de contratos

6. Facturación y pagos

— Emisión de facturas
  y seguimiento de pagos
— Pago de facturas
— Declaración de impuestos

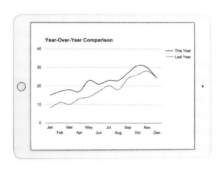

7. Administración

— Monitorear ingresos y gastos
— Adquisición de recursos humanos
— Adquisición de hardware,
  software y material de oficina
— Mantenimiento del espacio de trabajo

reglas evitará que debas organizar el día a día; por ejemplo, puedes tener pautas establecidas para las tareas recurrentes, es decir, las que suelen repetirse. Tomemos el caso de realizar un encargo para un cliente: puedes especificar cómo redactas el primer mail de contacto, determinar cuántos días después de la confirmación del encargo entregarás bocetos, a través de qué medios le enviarás los archivos finales y cuándo facturarás el trabajo. De esta forma, una vez que te llega un encargo, ya sabes los pasos que tienes que seguir y puedes ocupar tu tiempo dedicándote mayormente al trabajo creativo.

Además, los clientes no te contratan solo porque les guste lo que haces, sino también porque les gusta cómo trabajas. Si el cliente queda satisfecho con cómo llevas adelante el encargo y la gestión del proyecto, volverá a por más, pues tendrá la garantía de una gestión similar para su próximo proyecto.

Ser predecible en tu profesionalidad es positivo tanto para ti como para el cliente, lo que no indica que el trabajo que hagas no sea emocionante, sorprendente, innovador y nuevo cada vez. Por el contrario, la predictibilidad de algunas tareas te ayudará a tener más espacio para llevar a buen puerto tus encargos.

— El ingreso fluctuante

Esta es una de las principales preocupaciones de quienes piensan en convertirse en freelance. Contar con un sueldo fijo genera una sensación de seguridad muy fuerte: la de saber que tendrás dinero para pagar tus facturas todos los meses, ni más ni menos.

Siendo freelance tienes el potencial de ganar mucho más que con tu trabajo fijo, pero, muy probablemente, tus ingresos no sean constantes: habrá meses de más trabajo y otros de menos, meses en los que trabajarás mucho y ganarás poco, y otros tiempos en los que, trabajando apenas unos días, tendrás ingresos para cubrir tus gastos de varios meses. Intenta mantener un control de cuáles son los meses más productivos o en los que recibes más encargos, pues la fluctuación de actividades suele tener una constante. Esto te ayudará a organizar otros aspectos de tu vida de freelance como, por ejemplo, cuándo tomarte vacaciones, empezar un proyecto personal o buscar colaboradores que te ayuden.

Aprovecha aquellos momentos en los que tus clientes hacen una pausa. Por ejemplo, en Alemania, donde yo trabajo, casi todas las empresas y agencias cierran durante una semana entre Navidad y Año Nuevo, por lo que sé de antemano que durante esa época puedo tomarme vacaciones o dedicar esos días a proyectos personales. En otros países, en cambio, ese es un periodo laborable con mucha actividad, pues son los días de cierre del calendario anual y las empresas quieren gastar lo que les queda de sus presupuestos. Si ese es tu caso, recibirás muchos encargos.

Identifica cuáles son los tiempos de alta y de baja actividad en tu práctica para sacar mejor provecho de tu tiempo productivo.

— Mantener un equilibrio entre ingresos y gastos, y viceversa

Esto parece algo muy evidente, pero no lo es. Tener más ingresos te permitirá invertir más (gastar más en tu negocio) y, por lo tanto, aumentar los ingresos. Ambas cosas se retroalimentan: si no inviertes tiempo y dinero en alcanzar nuevos clientes y generar oportunidades, no tendrás suficientes ingresos para cubrir tus gastos. En el capítulo 5 veremos algunas cuestiones prácticas sobre el control de tus finanzas.

Dicho esto, tus gastos también deben ser acordes con tus ingresos, y no superarlos. No obstante, tener pocos ingresos no quiere decir que no puedas invertir, pues no involucra necesariamente

Con regularidad imprimo material promocional. Muchas veces son simples tarjetas postales hechas con un arte mío, que uso para regalar a clientes, enviar notas, para las conferencias y para llamar la atención de clientes que quiero lograr. Estas son algunas de mis pequeñas inversiones para poner un poco de mi trabajo allí afuera.

grandes sumas de dinero, incluso a veces en absoluto, pues, como freelance, tu tiempo y tus capacidades son parte importante de tu capital.

En resumen: invertir no siempre es sinónimo de una gran cantidad de dinero, a veces se trata solo de reservar un poco de tu tiempo.

Tomar la decisión: ¿lanzarse al vacío o construir poco a poco?

Esta es la gran pregunta entre aquellos que piensan en convertirse en freelances: ¿cuál es el mejor momento para hacerlo? Encontramos esencialmente dos grandes corrientes: una aboga por poner una fecha de comienzo y dejarlo todo; la otra, más conservadora, considera que se puede empezar haciendo algunos encargos, mientras se mantiene un trabajo fijo.

En la primera, el vértigo de no tener una seguridad económica puede ser motivante y ponerte en acción: el temor de no poder pagar las facturas posiblemente genere esa adrenalina extra para salir a buscar clientes, conectar con otros y acudir a tu red. No obstante, el riesgo más grande es que no logres cubrir tus gastos tan rápido como estimabas.

La más gradualista transiciona el cambio: mientras mantienes un trabajo que te permite pagar las facturas, dedicas tu tiempo libre a construir algo nuevo. En este caso posiblemente tendrás que estar preparado para recibir mails y llamadas de tus "clientes freelances" durante el horario de tu trabajo fijo y debas también sacrificar tiempo libre trabajando para ellos. El riesgo más grande aquí es que no tengas descanso, te agotes antes de comenzar o no puedas entregar los trabajos a tiempo y de forma correcta.

Así pues, es una decisión muy personal y que debe estar ajustada a ti, pues tú sabes mejor que nadie si la presión funciona bien contigo o no, y sabes identificar si tu estrategia de ir haciendo algunos clientes de manera paralela tiene buenos resultados o no.

Estar ciento por ciento abocada a mi práctica y empezar a buscar clientes fue lo que finalmente lanzó mi carrera como freelance. En mi caso no puse yo la fecha, sino que la fecha me encontró a mí: había terminado una práctica en un estudio y, en contra de mis planes, no tenían pensado contratarme como empleada fija. Aún me acuerdo de mi último día de trabajo como empleada, saliendo por la puerta de ese estudio con piernas temblorosas y toda una aventura maravillosa por delante. Claro que yo, por ese entonces, no lo sabía. Esas piernas temblorosas se transformaron en energía y, dos semanas más tarde, estaba lanzando mi nueva página web e imprimiendo tarjetas personales. Me sentía lista para decirle al mundo que aquí estaba y qué era lo que quería hacer.

Además, conoces tu contexto personal, esto es, si tienes hijos o no, estás en pareja, pagas una hipoteca, has comprado hace poco un coche, si odias a tu jefa o no... Todos estos parámetros te ayudarán a medir tus riesgos y beneficios, y tomar la decisión de empezar algo propio. Dicho esto, ningún contexto te asegurará el éxito o fracaso de tu proyecto, aunque sí puede presentarte más o menos desafíos.

En este libro te contaré muchas cosas que aprendí durante la experiencia de poner en marcha mi estudio propio, pero ten siempre en mente que eres tú quien dará cada paso en este proceso, y todo el contenido deberá pasar por tu filtro. Por eso, he reservado una página al final de cada capítulo para que escribas notas personales sobre algunos de los tópicos que vayamos viendo. Si mantienes la constancia de completarlas al terminar cada capítulo, llegarás al final del libro con una hoja de ruta que puedes usar para comenzar tu propio proyecto.

Lo primero que tenemos que definir es el material con el que vamos a trabajar, es decir, tú y lo que eres capaz de hacer. Define en dos columnas tu mapa de alcance: piensa en todas las cosas que puedes hacer para generar ingresos y escríbelo en la primera columna. ¿Lo tienes? Ahora, respira hondo y piensa en aquello que realmente te gustaría hacer de aquí en adelante; escríbelo en la segunda columna. Ya está, tenemos nuestro norte, y herramientas para llegar a nuestro objetivo. Es bueno tener estas cosas en claro, ¿verdad?

Lo que puedes hacer	Lo que quieres hacer

2
Primeros pasos

Tu identidad

Como ocurre con las marcas y compañías, tú también tendrás una presencia offline y online. Tu presencia offline viene dada por tus materiales promocionales y por ti mismo: cómo te vistes, dónde trabajas, etc.; tu presencia online está determinada por tu portfolio, tus redes sociales, los mails que escribes, etc. Todos ellos, junto con tu trabajo, componen tu identidad y, por ello, es necesario que siempre compartan un mismo lenguaje y tengan elementos en común.

Como freelance, no es estrictamente necesario que tengas un logotipo, pero, si eliges tenerlo, sí es importante que sea solo uno y que esté en todos los materiales de comunicación: tarjetas personales, sitio web, firma de pie de mail y otros elementos promocionales. Algo tan simple como un color o una fuente tipográfica puede ayudarte a unificar esos elementos y hacer que se vean como pertenecientes a un mismo negocio: el tuyo.

Presentar tu trabajo

Como profesional de las industrias creativas y disciplinas visuales, tu trabajo es tu carta de presentación. Tener un sitio web u otro tipo de presencia online es importante, no solo para tus potenciales clientes, sino también para posicionarte tú mismo dentro de tu disciplina. Tu sitio será un espacio personal que muestre de lo que eres capaz y que refleje tu forma de trabajar.

Tener un portfolio opera de dos maneras: por un lado, muestra a otros el trabajo que haces, es decir, un potencial cliente puede ver, a primera vista, si te dedicas a la fotografía, la ilustración, el branding o la animación, por nombrar algunas posibles ramas. Por otro, también es una herramienta para ti que te ayudará a tener una perspectiva sobre tu trabajo y el tipo de proyectos que estás haciendo. Mirando tu portfolio puedes entender qué tendencias tienes (por ejemplo, si tiendes a usar mucho un cierto color) y hacia dónde quieres ir con los encargos que aceptas.

— Elige una plataforma que lo facilite

Hay básicamente dos formas de tener una presencia online.

Tener tu portfolio dentro de una comunidad o plataforma: de esta manera, perteneces a un sitio o a una red social a los que acuden otros creativos o empresas para buscar profesionales, y esto facilita que haya tráfico en tu página. Sitios como Behance o Domestika permiten crear un perfil y subir tus trabajos de manera rápida y sencilla. Como toda red social, exigen que seas activo y participes de la comunidad, así como que mantengas actualizado tu portfolio y tu información personal. Como desventaja, solo permiten mostrar proyectos, por lo que tus clientes no podrán hacerse una idea global de todas las actividades que llevas a cabo. Esto significa que, si además realizas workshops o tienes clases online, en este tipo de plataformas no cuentas con una forma práctica de mostrarlo.

Tu sitio web: un espacio propio con un dominio con tu nombre o el nombre de tu estudio. Crear una página web sencilla está, hoy en día, al alcance de todos. Una opción es usar plataformas que permiten construir tu sitio web de una manera muy intuitiva, y a través de ellas puedes también registrar tu dominio (es decir, tu dirección web) y tu servidor (el espacio en donde estará alojada tu página: se paga por mes o anualmente). Puedes también crear una página web con una plataforma Wordpress, un sistema gratuito y relativamente sencillo de utilizar que permite customizar tu página web a través de temas o *templates*.

— Piensa en el tipo de clientes que quieres tener

Dedica unos minutos a pensar en los grupos con los que deseas trabajar. Si, por ejemplo, quieres atraer a clientes internacionales, adquiere un dominio .com; y si tus potenciales clientes hablan inglés, no necesitas dedicar tiempo a que tu web esté disponible en alemán, castellano, bengalí y turco. Acotar estos parámetros te ahorrará muchísimo trabajo a la hora de mantener tu web actualizada.

— Elige un diseño adecuado

Tu web debe resultarte fácil de actualizar, tener una navegación sencilla para tus clientes y mostrar tus trabajos mejores y más recientes. Deja de lado las animaciones complejas y los efectos de texto, concéntrate en mostrar tu contenido de la forma más profesional y simple posible. Además, el propio diseño del sitio no debe competir en atención con los proyectos que muestres, que son los que han de brillar.

— Presenta claramente el contenido

Quien entre en tu página web debe poder entender dónde se encuentra, es decir, tiene que ver con claridad tu nombre o el nombre de tu estudio y contar con un menú que le oriente en los contenidos. Es imprescindible que haya una sección con tus trabajos, una página que te presente con tu biografía y un contacto. Si además haces otras cosas, como impartir talleres o clases, dar charlas o incluso tienes una tienda online, deberás incluir todo eso en el menú.

— Muestra trabajo reciente

Es esencial que mantengas tu portfolio online actualizado, ya que esto será lo que te asegure nuevos clientes para los próximos meses y años. Procura incluir este proceso dentro de tu *workflow*, de manera que cuando termines un encargo, además de facturarlo, puedas subirlo a tu portfolio. Eso sí, ten cuidado de no hacerlo antes de que el cliente haga público el proyecto, así como también con mostrar trabajo en proceso en tus redes sociales o en tu portfolio.

— Presenta tu trabajo como proyectos

Preséntate como alguien que va más allá de hacer "imágenes bonitas": eres un pensador conceptual con una personalidad creativa, y eso debe reflejarse también en tu porfolio. Idealmente, escribe un apunte sobre cada proyecto describiendo el encargo, el proceso de trabajo y el origen de su inspiración, y no olvides mencionar a las personas con las que has colaborado (por ejemplo, directores artísticos o editores), así como a tus clientes. Procura incluir links también a sus páginas web: ¡el amor que va vuelve!

— Edita tu trabajo

Tu porfolio debe reflejar el tipo de trabajo que deseas hacer en el futuro, y no ser una documentación de *todos* los trabajos que has realizado. ¿Ya no quieres hacer más caligrafía para tarjetones de boda? Entonces, no publiques las invitaciones que elaboraste para la boda de tu prima. Si hay un trabajo que aceptaste solo para pagar el alquiler y no te sientes orgulloso del resultado, no lo enseñes en tu página web. La regla básica es: no muestres ningún trabajo que no te guste, sino solo aquellas cosas de las que querrías hacer más.

— Haz que la gente visite tu portfolio

Una vez que tengas tu portfolio online debes encontrar maneras de hacer que otros lo visiten. Si está alojado en una comunidad, entonces deberás mostrarte activo en ella, y, si tienes una web independiente, deberás buscar otras maneras de dirigir el tráfico hacia ella. Como parte de esta estrategia, incluye tu dirección web en todos los materiales que imprimas (tarjetas personales, postales, catálogos, etc.) y en los materiales digitales (la firma de tu

mail, tu tarjeta de contacto, tu cuenta de Twitter o Instagram).
Por otro lado, intégrate en la comunidad creativa de alguna forma.
Es mucho más probable que los directores artísticos, diseñadores
o propietarios de galerías lleguen a ti de manera indirecta que den
directamente con tu página web. La gente trabaja con las personas
que les agradan, y eso empieza con un me gusta en Instagram, un
comentario en tu blog o en una charla en una cena de creativos.
Encuentra tus propias formas de hacerte visible: ve a las conferencias o reuniones de diseño, utiliza Instagram o Twitter.
Mi recomendación es que pruebes todos los canales posibles y
compruebes lo que te reportan. Puede parecer un montón de trabajo y lo es, pero merece la pena e incluso puede ser divertido.

— Mide tus esfuerzos

En el caso de que decidas construir tu propio sitio web, cuando
lleves a cabo acciones para dirigir hasta allí a tus posibles clientes,
¿cómo sabrás si realmente acuden a visitarlo? ¿Cómo puedes
constatar el éxito de una cierta promoción que hiciste? Afortuna-
damente, existen herramientas de medición que te informarán
sobre todo esto. Por ejemplo, incluyendo un simple código de
Google Analytics en tu sitio web, podrás acceder a gran cantidad
de información acerca de los proyectos con más visitas, saber
de dónde procede el tráfico y qué tipo de público está interesado
en tu trabajo.

— Redes sociales: ¿sí o no?

El trabajo de un freelance puede ser bastante solitario. Si bien
a menudo trabajas con clientes y directores artísticos, la mayor
parte del tiempo estarás a solas frente a tu ordenador o en tu espacio de trabajo.

Personalmente, formar parte de redes sociales me ayudó a
encontrar un equilibrio: me mantienen diariamente en contacto
con muchas personas que se interesan por lo que hago, y esto me
estimula a seguir trabajando y a hacerlo mejor. Por supuesto, las
redes sociales también me distraen y en ocasiones me consumen

más tiempo del que desearía, pero, a decir verdad, eso también lo haría sin ellas. Muchos editores y directores artísticos usan las redes sociales para buscar nuevos talentos, por lo que la presencia en estas también supone una oportunidad de lograr tu próximo trabajo. En el capítulo 4, hablaremos en detalle sobre las redes sociales y veremos algunas de las maneras de manejarlas y estar en ellas.

Construir un portfolio sólido y ser tu propio cliente

Como freelances lo más importante que tenemos es nuestro portfolio, pues refleja nuestro *expertise* y la calidad de aquello que hacemos, y es lo que va a atraer la atención de los clientes. Dicho esto, es un hecho que muchas veces, cuando uno comienza con un proyecto propio, no tiene necesariamente un gran portfolio que mostrar.

Para lograr un portfolio atractivo necesitamos encargos y para conseguir encargos necesitamos un porfolio sólido: un círculo vicioso del que resulta difícil salir. Pero tengo buenas noticias: existen formas de elaborar piezas de trabajo sin esperar necesariamente a los encargos comerciales de los clientes, pues puedes ampliar tu portfolio con proyectos personales o autogestionados, y con colaboraciones.

Para hacer este tipo de proyectos no te hace falta un encargo profesional, sino solo una inversión de tiempo (y a veces de dinero, según si dispones de él o no). Su desventaja es también su gran ventaja: la ausencia de un cliente.

— Proyectos autogestionados

Un proyecto autogestionado es aquel que realizas por tu cuenta, para explorar ciertas técnicas, aptitudes o conceptos, sin tener un encargo como punto de partida. Como no debes ceñirte a un briefing, puedes crear piezas impactantes y que reflejen todo lo que eres capaz de hacer. Pero, a la vez, tiene el riesgo de que tu punto de partida sea tan poco definido que el proceso acabe resultando agotador y termines por dejarlo. Y, además, como no cuentas con un cliente presionándote con un deadline, puedes caer en la rueda engañosa del perfeccionismo y acabar por no terminar ninguna pieza.

Para que un proyecto autogestionado sea exitoso hay tres bases fundamentales: contar con un brief, tener un deadline y mostrar el resultado.

Tener un brief significa definir una serie de parámetros esenciales, por ejemplo: dibujaré un objeto por día (si lo tuyo es la ilustración), o realizaré un retrato por día (si trabajas con la fotografía). Cuanto más acotado sea ese brief, más potente será el conjunto como resultado.

Si como fotógrafo te propones realizar retratos, tu proyecto no se diferenciará mucho de otros millones de retratos allí afuera. Pero, si lo que quieres hacer son retratos de señoras mayores con el vestido de novia de cuando se casaron, entonces tu proyecto marcará una diferencia, y el volumen hará que sea una serie única.

Ahora, presta atención, porque tu brief tampoco debería ser tan complejo que termine por absorberte una gran cantidad de tiempo. Recuerda que, como freelance, también deberás realizar trabajos comerciales que representen un ingreso de dinero. Intenta que este brief sea acotado, simple.

Una vez tu brief esté definido, determina el tiempo en que debes tener la pieza terminada: si es una hora, tres horas o cuatro días. Debes dotarte de un marco temporal para realizarlo, y necesitas saber que este finalizará en un momento determinado, aun cuando el proyecto no esté acabado. Los deadlines tienen un impacto importante en nuestra productividad, y entrenar esta productividad es parte de tu crecimiento como freelance.

Por último, muestra tu trabajo. Ponerte este objetivo tiene dos aspectos positivos: por un lado, ejerce una presión extra para que acabes el trabajo en un tiempo razonable; y, por otro, puede atraer a personas interesadas en que hagas el mismo tipo de encargo para ellos. Las vías para mostrar el resultado pueden ser varias: un blog, las redes sociales, guerrilla urbana, un portfolio online...

Cuando inicié mi estudio de lettering, mi portfolio no tenía muchos proyectos relacionados con las letras. Necesitaba proyectos que cumplieran dos funciones a la vez: expandir mi portfolio y entrenarme. Así es como decidí empezar con letteringvscalligraphy.com. Lo comencé junto con el calígrafo Giuseppe Salerno, y en él planteamos medir nuestras habilidades en una batalla online. El website estaba seccionado en dos: a la izquierda, lettering y, a la derecha, calligraphy. Cada día subíamos una letra. Un moderador (un especialista invitado) nos sugería un atributo para dibujar, por ejemplo, una "S sensual" y cada uno la ejecutaba con su técnica: Giuseppe con la caligrafía, es decir, escribiendo, y yo con el lettering, esto es, dibujando. Lo interesante es que la gente podía entrar y votar por el trabajo que más le gustara. El proyecto explotó y el primer día recibimos 7000 visitas únicas en nuestro sitio. Después los blogs multiplicaron la noticia: cada día entraban unas 2000 personas a votar su favorito. En este proyecto exploramos muchas formas diferentes de hacer letras. Giuseppe experimentó con distintas herramientas caligráficas, soportes y papeles, a veces escribía sin tinta e incluso con un dedo sobre la pantalla del móvil. Yo, por mi lado, probé diversas maneras de dibujar letras: a veces, las letras eran clásicas, otras abstractas, otras una ilustración o un objeto. Así que, divirtiéndonos y sin darnos cuenta, ampliamos nuestra caja de herramientas y, al mismo tiempo, nuestro portfolio. Las partes clave estaban allí: teníamos un brief (ejecutar una letra con un atributo), un deadline (debíamos producir una letra diaria en un máximo de una o dos horas) y lo compartíamos a través de las redes y, por supuesto, del website. Este proyecto me ayudó a construir mi portfolio y también mi confianza personal: le había mostrado al mundo lo que podía hacer, pero, sobre todo, me lo había demostrado a mí misma. Así gané confianza personal e inflé el pecho para enfrentar esta nueva etapa por cuenta propia.

— Colaboraciones

Una colaboración es trabajar con alguien que te complementa de alguna manera, una relación en la que tú aportas algo de lo que el otro carece y viceversa. La suma de las partes es más que las individualidades y el resultado es mutuamente beneficioso en igual medida. Si te dedicas a diseñar *patterns*, por ejemplo, puedes colaborar con un productor de telas y, juntos, crear una línea de telas con tus diseños. El productor aportará su experiencia, sus habilidades y su infraestructura para crear y estampar tejidos; tú aportarás tu *know how* para crear un diseño atractivo y novedoso; y, juntos, crearéis una línea de tejidos diferencial. Sin el uno o el otro, esto último no se produciría.

Para que una colaboración sea exitosa hay tres bases fundamentales: la confianza, el beneficio a partes iguales y mostrar el resultado. La confianza implica que el colaborador que elijas debe ser alguien que consideres bueno e idóneo en lo que hace, y tendrá tanta influencia como tú en el proyecto, además de darle forma.

Decorata es una fuente que creé en colaboración con Positype. Ellos aportaron su conocimiento y experiencia en crear y vender fuentes, y yo contribuí con la dirección de arte y el diseño original de un alfabeto. Ambas partes percibimos un porcentaje de las ventas.

Si no confías en que la otra parte hará lo mejor de lo que es capaz, entonces estás empezando con el pie izquierdo, pues una buena señal para elegir a una pareja colaborativa idónea es que admires lo que hace.

El beneficio debe ser mutuo, por lo que deberás asegurarte de que a tu colaborador también le guste tu trabajo; si no, tendrás a alguien mirándote por encima del hombro todo el tiempo. Si decidís vender esa línea de textiles, entonces ambos deberíais percibir réditos equivalentes o al menos proporcionales al trabajo realizado por cada uno. En otras palabras, las ganancias deben ser compartidas. Para ello, procura que tu colaborador tenga tu mismo tamaño como empresa, pues es la forma más fácil de trabajar a la par. Es decir, si trabajas con una compañía de una escala y estructura mucho mayor que la tuya, deberás verificar que las ganancias de la colaboración sean compartidas.

Por último, mostrar el resultado es esencial para que esta colaboración atraiga nuevas colaboraciones o encargos, o bien para seguir explotando tus creaciones. Los *patterns* que diseñaste para esta línea de textiles pueden convertirse en una línea de papeles de pared, papel de regalo o tazas de colección. No olvides incluirlo en tu portfolio, compartirlo en las redes y guardar algunos ejemplares para tu documentación.

Cómo presentarte

— Tu biografía

Tener una buena biografía es una parte muy importante de tu portfolio, pues, si no eres capaz de definirte a ti mismo, entonces los demás tampoco podrán hacerlo. La persona que va a contratarte para determinado trabajo no solo lo hará por la calidad de las piezas que vea en tu portfolio, sino que también buscará que seas la persona idónea para llevar a cabo el proyecto que tiene entre manos de una manera creativa, agradable y efectiva.

Siempre que visito un sitio, suelo entrar en la página de "About" inmediatamente después de ver el portfolio. En reiteradas ocasiones me he encontrado con una biografía muy limitada, inmadura (con frases del estilo "Mi nombre es Carlos, pero me llaman Ruli" o "Me gusta jugar a los palitos chinos y tomar cerveza") o, a veces, inexistente, lo que automáticamente me despierta desconfianza y, en ocasiones, me parece incluso poco amigable. Considero el portfolio un espacio personal. Es como entrar en el salón de la casa de alguien: espero que su dueño se presente apropiadamente y me dé la bienvenida.

Una bio adecuada incluye las siguientes partes.

<u>Foto de perfil</u>: es muy importante tener una foto de perfil. Hoy en día, cuando los encargos se manejan mayoritariamente por mail y rara vez nos vemos cara a cara con quien nos contrata o a quien contratamos, se hace más necesario que nunca certificar que detrás de esa web hay una persona. Nosotros, que trabajamos con la imagen, sabemos muy bien del poder de comunicación que tiene, así que es importante elegirla bien. La foto que uses debe estar pensada para esa aplicación, pues se nota mucho cuando una imagen está sacada de contexto y aplicada a algo para lo que no fue pensada. Lo has adivinado: esa foto que sacaste en tus últimas vacaciones en la playa en donde te ves espléndido no tiene necesariamente que ser la que uses en tu biografía. No, incluso si la cortas y le quitas la sombrilla de sol, los visitantes de tu página se darán cuenta de que esa foto es informal. De la misma manera, evitaría fotos familiares (más allá de que tu familia sea importante para ti) o con demasiado contexto, pues invitan a pensar en la historia detrás de ellas. Y en esta foto quien que debe brillar eres tú.

Es importante que la foto no sea artificial: procura tomar una postura que te sea natural, y llevar ropa que habitualmente usas en tu trabajo. Personalmente prefiero fotos que miran de frente, pues genera virtualmente la sensación de estar mirando a los ojos.

Texto: lo primero que tienes que decidir es si hablarás en primera persona, por ejemplo, así: "Hola, mi nombre es Amalia y soy diseñadora gráfica con un *expertise* en diseño editorial". En general, la primera persona suena más activa, casual y cercana, pues tú mismo le cuentas al lector quién eres.

Otra posibilidad es hacerlo en tercera persona, es decir, como si algún otro te estuviera presentando: "Amalia es una diseñadora gráfica con un *expertise* en diseño editorial". Esta voz tiene una impronta más pasiva y formal.

Ambas son válidas para presentarte en tu bio, y puedes elegir la que mejor te parezca que representa tu perfil.

Tu biografía debe incluir algunas partes importantes, son las siguientes:

¿A qué te dedicas?: se trata de contar, lisa y llanamente, lo que haces. Quien llegue a tu web debe entender inmediatamente si ha entrado en la página de un diseñador gráfico, una casa de té o un centro médico. Puedes explicarlo en pocas palabras: "Mi nombre es Milo y soy un fotógrafo especializado en fotografía de producto y publicidad".

Procura aclarar esto desde un principio, así los visitantes pueden comprobar que eres tú lo que están buscando y quedarse a leer el resto de la bio.

Tus estudios y credenciales más importantes: cuenta qué capacitación tienes. Si has ido a la universidad, especifica a cuál y di qué cursos realizaste: "Empecé mis estudios de diseño en la escuela

Elisava en Barcelona y tres años después viajé a Holanda para especializarme en tipografía". Si eres autodidacta, cuenta qué cursos has hecho, o qué experiencias te han permitido desarrollarte en este ámbito: "He viajado por el mundo fotografiando ciudades y naturaleza. Así nació mi amor por la fotografía paisajística".

Tu *expertise* no es algo que necesariamente aprendes en una escuela o universidad. Seguramente, otras experiencias habrán dejado una impronta en tu forma de hacer las cosas, y esa anécdota se convierte aquí en tu diferencial: "Cuando comencé casualmente a ilustrar las tarjetas de mi familia, descubrí que quería dedicarme a dibujar".

Tipo de clientes: ¿trabajas de manera local o también internacionalmente? Aquí no es necesario que listes a tus clientes, pero sí puedes especificar la rama en la que te especializas, por ejemplo: "Trabajo para agencias y casas editoriales dentro y fuera de México" o "Trabajo con instituciones culturales y estatales en España". Incluye una línea breve para definir cuál es el perfil de clientes para los que te sientes más idóneo.

Qué otras cosas haces: todo lo que hagas relativo a tu *expertise* te diferencia de otros profesionales que se dedican a lo mismo que tú y te agrega valor. Eso no significa que debas listar todos los cursos de cerámica que has llevado a cabo ni contar que los sábados te gusta hacer CrossFit. Todas tus actividades relativas a tu profesión tienen aquí un lugar y te definen.

Tus puntos fuertes: ¿tienes una aptitud especial para gestionar proyectos? ¿Eres hábil resolviendo ilustraciones editoriales para pequeños formatos? ¿Tus fotografías blanco y negro son muy expresivas? Entonces, cuéntalo en tu bio. Habla de tus fortalezas sin cerrar demasiado tu campo de acción, es decir, procura destacar virtudes generales, que no se vuelvan demasiado específicas. Por ejemplo: "Soy hábil dibujando pájaros posándose sobre la rama de un árbol en la ciudad" dejaría nuestro campo de acción muy cerrado.

Clientes destacados: menciona a todos aquellos clientes que puedan reconocer muchas personas, o que el tipo de clientes que buscas conozca. Esto te dará credibilidad y hablará de tu reputación. Si tienes clientes de medianos a grandes, o si estos son relevantes en el área en que estás trabajando, lístalos.

Studio Martina Flor is a design business specializing in lettering and custom typography. We work for agencies, magazines, and publishing houses to create art for large and small projects.

Martina Flor combines her talents as both a designer and an illustrator in the drawing of letters. Based in Berlin, she runs one of the world's leading studios in lettering and custom typography, working for clients all over the globe such as The Washington Post, Vanity Fair, HarperCollins, Monotype, Etsy, Adobe, Mercedes Benz, Lufthansa, and Cosmopolitan, among many others.

Esto es algo que a mí me gusta agregar y que me parece que aporta a mi perfil. Yo cuento en mi bio que, además de hacer lettering, doy charlas en conferencias, dicto workshops y cursos y realizo proyectos autogestionados. Considero que estas experiencias y actividades enriquecen mi trabajo y, por lo tanto, lo hacen más atractivo para mis clientes.

Redes sociales: por más que el cliente haya llegado a tu página, es posible que nunca más vuelva a ver si actualizaste o agregaste proyectos en tu portfolio. Por lo tanto, la posibilidad de seguirte, por ejemplo, en Instagram es una buena opción para que pueda ver tus últimos trabajos (si lo posteas regularmente). Está bien que, luego de ese primer contacto que un potencial cliente tuvo al llegar a tu web, continúes la conversación a través de las redes sociales de manera más cotidiana.

Contacto: es un apartado muy importante. Las formas de contactar contigo deben estar bien visibles y, en lo posible, como una escala que las destaque, pues el visitante de tu web no debería perder ni un segundo en buscar estos datos. Escribe tu mail y evita usar formularios de contacto, ya que es vital que la persona pueda escribirte un correo con el formato que quiera y los archivos adjuntos que considere.

Estas son las partes básicas de tu bio, pero no significa que no puedas buscar tu propia manera de contarla. Lo importante es que sea agradable de leer, y no se convierta en un tomo de enciclopedia, en donde para saber de ti la gente deba detenerse a leer más de lo necesario. Puedes usar el *layout* para hacer la información más digerible, y puedes también darle un toque personal: ¿por qué no contar 10 cosas sobre ti? ¿O incluir a pie de página una foto de la primera vez que tomaste un pincel, tu lápiz de acuarela? ¿O mostrar las tres últimas fotos que subiste a Instagram? Anímate a que tu página de bio cuente un poco de la persona que está detrás del trabajo.

Anímate a escribir tu bio en esta segunda página de tu anotador. Es interesante ver que, a medida que intentas explicar al mundo quién eres y qué haces, mejor lo defines para ti mismo. Definir tu bio funciona un poco como el brief de un proyecto: le pone un marco y un horizonte. He tomado nota de algunas cosas importantes que debes contestar para generar tu propia bio, aunque, por supuesto, tú luego decides lo que es redundante y cuán extensa quieres que esta sea.

A qué te dedicas

Estudios o experiencias diferenciales

Clientes objetivo

Actividades relacionadas

Tus fuertes

Clientes destacados

Tus contactos

3
generar
ingresos

Todo un abanico de posibilidades para generar ingresos

Tendemos a pensar en el freelance como alguien que trabaja solo y que ofrece servicios. Aunque es cierto que realizar encargos para clientes es una de las ocupaciones más comunes, tengo para ti una noticia liberadora: no es la única, no siempre es necesario que exista un cliente con un encargo para que puedas tener éxito en este emprendimiento.

Trabajando por cuenta propia puedes hacer encargos para clientes o puedes, por ejemplo, enseñar a otras personas a hacer lo que tú haces, o crear productos y venderlos. Incluso puedes llevar a cabo todas esas cosas a la vez.

Hay quienes sostienen que lo mejor es diversificar ingresos, de manera que, si alguna de estas vías no funcionan muy bien, puedas apoyarte en las otras. Hay, por el contrario, otras personas que sostienen que lo mejor es concentrarse en una sola cosa y especializarse. Más allá de las teorías, lo que debemos tener presente siempre es que estamos en busca de lo que mejor funciona para nosotros, que hemos de darle a nuestro trabajo la forma que mejor va con nuestra manera de ser y vivir. Es decir, nos tiene que gustar.

Comisiones para clientes

En este caso, trabajarás por proyectos. Te llegará un encargo de un cliente y tendrás que cotizarlo, planearlo, ejecutarlo, implementarlo y, por último, facturarlo.

La regularidad de este tipo de encargos es fluctuante, es decir, habrá meses o semanas en los que tengas las manos llenas de proyectos y de deadlines, y posiblemente otras semanas o meses en los que estarás de brazos cruzados (de manera metafórica, pues, como sabes, siempre hay alguna tarea que llevar a cabo cuando eres freelance).

Así, como es fluctuante en cuanto a su regularidad, también es variable en cuanto a remuneración: como ya hemos dicho anteriormente, habrá trabajos a cuya ejecución dediques una semana y que te pagarán las facturas de tres meses (más de esos, por favor) y otros a los que tengas que dedicar un mes y no te signifiquen un ingreso jugoso.

Según la industria para la que trabajes, la fluctuación será más o menos constante: hay meses que son más intensos que otros, por lo que es importante llevar un registro de ello, para no desesperar en los tiempos en los que los encargos merman.

— Desafíos

Trabajar para clientes implica, en primer lugar, trabajar con personas, y eso puede tener tanto aspectos positivos como negativos. Cuando colaboras con otra gente, que en este caso no son tus colegas, sino alguien que está pagando por tus servicios y te está confiando un proyecto, debes mantener un buen equilibrio entre profesionalidad y amabilidad. Los clientes son personas que, como nosotros, se olvidan cosas, vuelven sobre sus pasos, cambian de parecer, y alguno que otro día se levantan con el pie izquierdo. Parte de nuestro servicio es saber interpretarlos y organizar el trabajo para ellos, de manera que colaborar con nosotros parezca lo más fácil, y no un proyecto más con el que tienen que "luchar".

A nadie le gusta trabajar con gruñones. No es necesario que te diga que el diseño y la ilustración no son ciencias puras y que tus clientes no necesariamente deben entender sobre tipografía, composición o teoría del color. Dedica un minuto a explicarles las cosas de manera amable y acepta los cambios en el diseño con una sonrisa. Al fin y al cabo, tu cliente y tú buscáis lo mismo: un resultado espectacular.

Otro de los desafíos de trabajar para clientes es esa fluctuación de la que ya hemos hablado, y evitar caer en la desesperación cuando no entran mails o llamadas de clientes. Habrá meses en los que no darás a basto y otros en los que no tendrás mucho trabajo. No te preocupes, ahora te diré por qué.

— Ventajas

¡Buenas noticias! El trabajo para clientes puede, potencialmente, generarte buenos ingresos, lo que significa que los meses en los que tienes menos carga de trabajo se financian con aquellos en donde hiciste una ganancia sustancial. Por supuesto, eso depende del tipo de clientes con los que colaboras y de tu capacidad de cobrar más o menos por ciertos encargos de acuerdo con tu reputación. La realidad es que el trabajo de clientes se lleva a cabo y se cobra en un periodo más o menos corto, y, si te preparas bien, incluso puede generar ganancias (pasivas) posteriores. Hablaremos luego de eso.

Capacitaciones o workshops

Impartir workshops depende solamente de ti, en la medida en que lo único que tienes que hacer es pensar un concepto, buscar un espacio físico y anunciarlo. Claro que el gran miedo que subyace a realizar un workshop es que no se apunte nadie, sobre todo en el primero de ellos. Yo tuve ese mismo temor, por eso mi primer workshop de lettering fue gratuito.

Ofrecer un workshop requiere tener un tema o concepto, es decir, aquello que vas a enseñar, y una técnica específica que los asistentes aprenderán (por ejemplo: pintar con acuarela, o dibujar animales, o fotografía de comida). Ser específico hace que tu workshop se destaque: posiblemente haya muchos workshops de "ilustración" pero solo el tuyo sea de "dibujar rostros".

También necesitarás un cronograma y un método, esto es, una descripción mínima del desarrollo del workshop y los aprendizajes y herramientas esenciales que los asistentes adquirirán, un espacio físico apto para la actividad que ofreces, en donde los asistentes puedan trabajar cómodos, y, por último, un lugar en el que los interesados se puedan inscribir. Para ello puedes incluso usar tu propia página web u otras páginas específicas para anunciar eventos, que en general cobran un porcentaje del valor del ticket, pero, al mismo tiempo, tu evento estará listado en su amplio directorio con muchos seguidores (por ejemplo, eventbrite).

Enseñar puede ser una posible fuente de ingresos, así como también una buena forma de perfeccionar tus técnicas para hacer tu propio trabajo. A la vez, te ayudará a mejorar tu lenguaje al hablar de tu especialidad y a fortalecer tu autoconfianza, pues, en tus clases, tú eres "el que sabe".

El primer workshop que realicé lo impartí gratis. Mi idea era muy básica: si no había que pagar por él, nadie se quejaría si no cumplía con sus expectativas, y, además, me aseguraba completar el cupo de asistentes y ponerme a prueba enseñando. El workshop fue muy bien, y los alumnos parecían haberlo disfrutado. Por primera vez experimenté algo que es la razón por la que hoy sigo enseñando: sentí que la gente se iba de alguna manera iluminada, podían ver la tipografía de una forma distinta y emplear esa visión en su trabajo creativo. Después seguí organizando talleres, pero en espacios que ya tenían un calendario de actividades: ellos percibían un porcentaje de la ganancia, pero aportaban el espacio y un público que se inscribía en mis sesiones. Más tarde, comencé a llevar mis workshops a otras ciudades, y los coordinaba junto con instituciones o universidades. Hoy en día, mis talleres son una parte importante de mi trabajo y mis ingresos, y me han posibilitado también realizar capacitaciones en empresas y agencias, así como enseñar en universidades. Dictar workshops, además, te permite conocer tu propio proceso de creación y eso, como veremos más adelante, te ayudará a trabajar con clientes.

— Desafíos

Enseñar workshops es una actividad muy gratificante en la medida en que seas capaz de brindarles algo a los asistentes. Es decir, así como con tus clientes, tienes que saber identificar sus flaquezas, y ofrecer posibles soluciones a los problemas que se le presenten a cada uno. Enseñar requiere, por lo tanto, de mucha energía, pues deberás tener la capacidad de ofrecer soluciones rápidas a diversos inconvenientes. Además, tus asistentes tendrán diferentes niveles de *expertise*, por lo que habrás de tener paciencia y atender a los ritmos de cada uno.

Por último, deberás trabajar para atraer público: en primer lugar, creando un contenido atractivo, bien pensado y estructurado para asegurar una buena experiencia educativa; y, en segundo, promoviendo el evento en tus redes sociales (tanto las virtuales como las analógicas) de maneras atractivas y creativas.

— Ventajas

Enseñar tiene la capacidad de posicionarte como profesional y experto, y ponerte en boca de otros por un buen motivo. Además, los asistentes a tus workshops muy probablemente sean profesionales de tu área e, incluso, aquellos que más tarde te contraten.

En definitiva, los workshops te permiten mostrar tu habilidad para hacer algo (ya sea que dibujes, saques fotos o diseñes) y les permiten a otros tener un acercamiento a ello, lo que tiene dos puntos positivos: por un lado, elevan tu valor como profesional y, por otro, aquellos que asisten (como dije antes, posiblemente de la misma área) aprenden a apreciar el valor de tu trabajo y entienden su dificultad.

En cuanto a lo económico, los workshops pueden representar una ganancia sustancial en relación con las horas de trabajo dedicadas (en general, unas horas o una jornada completa). Sin embargo, son eventos que no suelen celebrarse con mucha periodicidad, a menos que crees una amplia propuesta de talleres con distintos contenidos.

Charlas en conferencias

Como vimos antes, dar charlas en conferencias es una buena manera de mostrar tu trabajo y generar contactos, y, si eres bueno, puede convertirse incluso en una fuente de ingresos. A pesar de que parece muy simple, elaborar una charla interesante sobre un tema o incluso sobre nuestro trabajo es complejo, pues requiere de la combinación de una buena historia o contenido, un buen soporte visual y las habilidades para presentarlo. Conjugar todos estos elementos en una presentación sólida e interesante requiere de esfuerzo y tiempo.

Si tienes facilidad para hablar el público, más a tu favor, pero si no la tienes no te preocupes, es algo que se puede entrenar. Encontrar una voz personal para realizar presentaciones es un proceso que se desarrolla con el tiempo y las experiencias reiteradas. Como punto de partida, si estás interesado en ello, puedes orientarte en aquello que te gusta, es decir, identifica aquellas

He realizado presentaciones en conferencias para audiencias que han ido desde las 50 personas hasta las 10.000, y en todas he sentido la adrenalina propia de subir al escenario. Dar charlas, en tanto te guste, es fabuloso, pues, si *eres bueno en ello, puedes generar un impacto en otras personas, y hacer que, con lo que dices, ellos cambien su forma de ver las cosas y el mundo, y eso es muy poderoso.*

presentaciones de otros que te han cautivado y analiza por qué, sus partes y su historia, el soporte visual y el lenguaje corporal del orador.

Si hacer presentaciones en conferencias es algo de lo que disfrutas, entonces puede convertirse en parte de tu trabajo. Cuanto mejor sean tus presentaciones, a más conferencias querrán invitarte y muchas veces te ofrecerán un *fee* por ello.

— Desafíos

Dar una charla es un acto de divulgación, y el gran desafío es brindarle algo a la audiencia y hacer que vuelvan a casa con una nueva idea o de alguna forma transformados. Por supuesto, esto no es fácil.

Tú te presentas como facilitador de esa información y no como la estrella. Lo que tienes que lograr es que alguna de tus experiencias conecte con la audiencia y le sea útil para su propia vida y trabajo. Idealmente, tus presentaciones no se deben centrar en realizar una muestra sin fin de tus trabajos, pues, para ello, el público puede visitar tu página web en su camino de vuelta a casa. En ese sentido, una charla llamada "10 años de trabajo diseñando logos" no suena tan atractiva como "Los tres logos que me hicieron crecer como diseñador". Siempre intenta centrarte en lo particular, en lugar de en lo general, y trata de usar una experiencia propia como disparador de una enseñanza o descubrimiento.

Las charlas están compuestas en general de un contenido hablado y otro visual, y ambos deben complementarse. Tu charla es una puesta en escena de lo que tienes para decir (y cómo lo dices) y para mostrar (y cómo lo muestras).

Otro de los desafíos de las charlas es hablar ante un público numeroso. Por supuesto, no todos nacemos con el don de la oratoria ni el lenguaje corporal perfecto para cada frase. Por ello, de acuerdo con nuestras debilidades y fortalezas, deberemos practicar más o menos esa presentación que preparamos.

Mi consejo es que la presentes varias veces ante colegas y amigos y observes sus reacciones, lo que "funciona" y lo que no. Pide que te den feedback y elabora tu charla con tiempo para poder darle el ritmo adecuado y ajustar el contenido.

— Ventajas

Presentar en conferencias o eventos implica muchas veces viajar, y con suerte esta práctica, además de conectarte con nuevas personas, te llevará a nuevos lugares. A pesar de que hay algunas pocas conferencias que no ofrecen remuneración a sus speakers, hay muchas otras que sí lo hacen, aunque, como freelance, es aconsejable que realices este tipo de charlas siempre y cuando no te quiten mucho tiempo de tus encargos principales.

Por último, las charlas te posicionan en el escaparate de tu propia industria, gracias a lo que ganarás reconocimiento de tus pares así como también de potenciales clientes.

Clases online

Las clases online son también otra aplicación interesante de tu trabajo y tus conocimientos. Una clase online es básicamente un vídeo o una serie de vídeos en los que muestras el proceso para llevar a cabo determinada cosa, y en los que los pasos y procedimientos están explicados de tal manera que el espectador puede ejecutarla él mismo. En general proponen aplicar esa técnica concreta en la realización de cierto proyecto propio.

En caso de que te interese esta posibilidad, solo necesitarás idear un contenido, grabar las lecciones, editar el material y ponerlo online. La calidad y el tiempo que quieres invertir en crear los vídeos depende de ti hoy en día: con la cámara de tu móvil y un micrófono puedes elaborar vídeos muy decentes, pero lo verdaderamente esencial es que el contenido sea comprensible y claro.

Para poner tus clases online tienes varias opciones: en primer lugar, puedes ofrecerlas en tu website y que los interesados se las descarguen a cambio de un *fee*; o puedes crear un canal de YouTube, y ofrecerlas gratuitamente. En estos dos casos, deberás construir una audiencia que consuma estos productos. En segundo lugar, existe una variada oferta de plataformas de capacitación online, cuyo beneficio es que ya cuentan con una audiencia cautiva que consume clases online, de manera que posibilitan que la gente encuentre tu clase más fácilmente. Alguna de ellas, como Skillshare o Udemy, permiten que subas tus propios vídeos; otras, como Domestika o Creana, filman sus propias clases y seleccionan a dedo a sus profesores. Todas ellas ofrecen a cambio royalties, que varían de acuerdo con la cantidad de alumnos y con cuánto éxito tiene la clase, que se mide según la cantidad de minutos que la gente que permanece en ella.

Lo positivo es que genera un ingreso pasivo, lo que significa que, una vez que la clase está lista y online, percibes un ingreso mensual. En otras palabras, recibes una paga sin volver a trabajar en el mismo proyecto.

Mis clases online en Skillshare o Domestika son mi salón de enseñanza virtual, y constituyen una forma diferente de compartir mis habilidades con otros. Por ello, no compiten con mis workshops presenciales y a través de ellas puedo viajar virtualmente a otras ciudades y países. De esta forma, me ayudan a ampliar mi audiencia y a conectar con otros creativos.

— Desafíos

El desafío aquí es similar al de ofrecer workshops: debes elaborar un contenido puntual y comunicarlo de una forma interesante para que tu clase tenga éxito. Cuanto más particular sea el contenido, más posibilidades tienes de resolver un problema puntual de la audiencia; "Aprende a usar Photoshop" parece una clase demasiado amplia, mientras que "Crear máscaras inteligentes con Photoshop" suena como algo que va a acelerar mi proceso de trabajo. A la primera clase se apuntará una audiencia variada; a la segunda, atraerás un público más afín a lo que haces.

Ofrecer clases online también requiere un trabajo medianamente periódico para responder preguntas que la audiencia pueda hacerte. Seguramente, deberás dedicar al menos una hora de tu tiempo por semana a responder a esas inquietudes.

Por último, como todo contenido en internet, la novedad es la estrella. Esto significa que deberás generar contenido con cierta regularidad para que tus clases no pierdan interés y se mantengan actualizadas.

— Ventajas

¡Bienvenido al mundo del ingreso pasivo, lo amarás! Se conoce como "ingreso pasivo" todos aquellos ingresos que son generados sin requerir de una acción de tu parte. Por supuesto, precisan de una inversión inicial, la de generar el contenido que vas a "vender", pero luego percibirás un ingreso mensual, trimestral, semestral o anual según esté estipulado.

Por supuesto estos ingresos derivados de una clase online también pueden fluctuar. Si, por ejemplo, tu clase es sobre "Cómo iluminar fotos de parejas", es posible que se apunte más gente en las épocas alrededor del día de los enamorados, o percibirás más ingresos durante el verano, que es en cuando se organizan más bodas. Dicho esto, la gran ventaja es que contarás con un ingreso regular siendo freelance, lo cual no es tan común y puede ayudarte a cubrir otros gastos también regulares, como, por ejemplo, el alquiler de tu espacio de trabajo.

Venta de productos

Así como al ejecutar un encargo para un cliente generas un producto específico, también puedes generar un producto específico sin tener un encargo, es decir, por cuenta propia, y ofrecérselo a varios clientes que quieran comprarlo. La diferencia entre uno y otro es quién realiza la inversión monetaria: en el primer caso es el cliente y en el segundo eres tú.

Dependiendo del proyecto, la inversión será más grande o más pequeña. Si eres ilustrador, puedes, por ejemplo, hacer prints, imprimir láminas con tu trabajo, en cuyo caso deberás invertir tu tiempo en preparar la imagen o la ilustración, y ocasionalmente pagar por la producción de esos prints. Puedes también imprimir a demanda, lo que reduce el capital que invertir a solo el tiempo que le dediques y a la compra de los materiales.

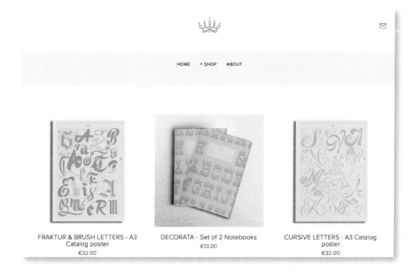

FRAKTUR & BRUSH LETTERS - A3
Catalog poster
€32.00

DECORATA - Set of 2 Notebooks
€13.00

CURSIVE LETTERS - A3 Catalog
poster
€32.00

Mi línea de productos está compuesta por ítems que me gustaría ver hechos con tipografía. Mis seguidores y tipo-aficionados son mis compradores. Una línea de productos responde a fluctuaciones de trabajo muy distintas a las de los encargos de clientes, pues tienen otras demandas del mercado y reaccionan a eventos especiales, como el día de la madre y Navidad.

Puedes ofrecer estos productos en una tienda online propia y
también en tiendas que vendan el tipo de producto que elaboras,
llevarlos a ferias de arte y diseño, o venderlos en otros eventos en
los que participes (por ejemplo, en tus workshops).

En todos los casos, no debes desestimar la complejidad de
elaborar un producto, pues incluso el más simple requiere de prototipos y pruebas. Además, también necesitarán estar protegidos
por un packaging, por más sencillo que sea, y deberás disponer
de un lugar para almacenarlos. Por último, si tienes un shop online,
ten en cuenta que deberás preparar los pedidos y enviarlos por
correo, y si vendes en ferias, pasarás un tiempo en ellas.

Hay también plataformas online que ofrecen la posibilidad
de crear una tienda online, en donde tú solo debes proporcionar
el arte o motivo, y ellos se encargan de producir los productos a
demanda y enviarlos. En este caso, recibirás un porcentaje de esas
ventas de manera pasiva.

— Desafíos

Tener un shop online que sea rentable es un trabajo que no debe
desestimarse. Por un lado, producir el producto físico tiene una
complejidad que no es tan evidente y requiere de toda tu atención
y cuidado para que no pierdas tiempo y dinero. Procura conseguir
buenos colaboradores y proveedores para cada producto que
tengas que desarrollar: te ayudarán a crear mejores piezas y a
disfrutar del proceso. A pesar de que puede parecer un vehículo de
ingreso pasivo, tener una tienda online requiere de mucho trabajo
y mantenimiento. Por un lado, debes lograr que otras personas
lleguen a tu website, y eso lo conseguirás a través de comunicar
periódicamente sobre lo que ofreces; por otro, una vez que llega-
ron a tu website, han de poder comprar el producto fácilmente.
En el ínterin de enviar tu producto al comprador, es posible que
ocurran otros problemas que debas resolver, como un paquete
perdido, o un pedido que ha llegado incompleto o defectuoso.

Algo que hay que tener en cuenta en el montaje de un shop
online es que tu negocio depende en un gran porcentaje del envío
por correo, por lo que procura asegurarte un proveedor confiable:
te ahorrará varios dolores de cabeza.

— Ventajas

Crear un producto es un proceso verdaderamente mágico. Aquello que ideaste en dos dimensiones de repente adquiere volumen y se convierte en un objeto. La satisfacción de caminar por la calle y ver a alguien usando una camiseta con la estampa que tú diseñaste, o ir a una conferencia y ver que la persona que está presentándola lleva puesto tu pin son experiencias muy gratificantes.

Por otra parte, crear una línea de productos es un trabajo absolutamente integral, pues abarca desde la identidad corporativa de tu marca hasta el *naming* y el diseño de packaging, lo que es verdaderamente interesante y tiene el potencial de ser único y destacarse por sobre otras marcas.

A sí mismo, vender productos puede liberarte de la necesidad de recibir encargos de clientes: trabajarás independientemente y serás autosostenible, además de que en este caso la cartera de clientes se ampliará tanto como amplio es internet.

Licenciar arte y diseño

Todo lo que produces es para un uso determinado. Por ejemplo, como fotógrafa publicitaria puedes realizar una foto para la cubierta de un catálogo de una compañía. Firmarás un contrato, ejecutarás el encargo y cobrarás por el trabajo. El cliente, en cuanto a lo acordado, tiene el derecho o la licencia de utilizar ese arte o producto para el uso estipulado en el contrato, lo que implica que, si quisiera utilizar ese arte para otra cosa, por ejemplo, una campaña publicitaria, deberá obtener una licencia para el uso de esa imagen en otro contexto. Esta es tu oportunidad de lograr un ingreso pasivo con ese arte o diseño ya producido.

Como veremos después, el tamaño del proyecto así como el del cliente inciden en el coste de un servicio, lo que significa que no es lo mismo elaborar una ilustración para un flyer con una tirada de 200 ejemplares que una para una campaña que empapelará la ciudad, saldrá en todas las revistas y tendrá un spot televisivo. Asimismo, no es lo mismo hacer esa ilustración

Creé este diseño para un encargo de un cliente. Más tarde, pude crear láminas serigráficas para venderlas en mi shop. Recientemente llevé a cabo una colaboración con Tattly, una compañía de tatuajes temporales, que convirtió este diseño en uno de sus productos, de cuya venta recibo royalties mensuales. Licenciar parcialmente tu diseño te permite explotarlo en varias aplicaciones y, por lo tanto, conectar con más colaboradores y mercados.

para tu cliente dueño de la tienda de zapatos de tu barrio que para una marca multinacional de calzado deportivo. Por este motivo, a la hora de hacer un encargo, el uso del producto resultante debe estar estipulado de antemano, con lo que, en caso de que tu cliente quiera hacer otros usos de esa imagen, y por tanto, sacar más rédito económico, te significará también un rédito a ti.

Siguiendo la lógica de la licencia de uso, internet ha promovido la creación de un mercado de licencias de imágenes, ilustraciones y productos digitales muy accesible; por ejemplo: como fotógrafo, puedes poner tus imágenes a la venta en un banco de imágenes; como calígrafo, crear pinceles para iPad o Adobe Illustrator y comercializarlos; como ilustrador, puedes elaborar motivos para postales, que otros usarán y comercializarán en el mercado de la papelería; como diseñador crearás una serie de iconos de señalética y ponerlos a disposición para descargarlos como dibujo vectorial. Así, aquellos que requieran de esos elementos podrán comprar una licencia acorde con las aplicaciones y usarlos. De acuerdo con el número y el tipo de aplicaciones, el coste de esa licencia variará.

De esta manera, en lugar de otorgarle la licencia a una persona (o firma) como en el caso del encargo, aquí tú crearás el producto y venderás múltiples licencias de uso sobre el mismo.
Hay varias formas de comercializar este tipo de productos, y varían de acuerdo con el rubro. Por ejemplo, algunos profesionales generan un catálogo online e impreso, y lo ofrecen personalmente a determinados clientes; otros tienen un perfil en un mercado online y venden sus productos como descargas digitales. Cualquiera que sea el canal, lo positivo de este tipo de vía de ingreso es que solo requiere una inversión de producción inicial para elaborar el producto en cuestión, y tras ponerlo disponible para su licencia, las ventas se convierten en ingreso pasivo.

— Desafíos

Licenciar arte es en sí un rubro dentro de varias ramas de la industria creativa, lo que significa que requiere de un gran conocimiento de los costes que se manejan en determinadas licencias de arte (por ejemplo, una campaña publicitaria o una serie de postales impresas masivamente), así como también conocimiento de los contratos apropiados para cada licencia. Por ello, es necesario asesorarse bien antes de firmar un contrato de este tipo para entender cuál es el compromiso que se está sellando. El campo de las licencias de materiales gráficos, vectoriales o fotos de archivo resulta más fácil de manejar, ya que, generalmente, responde a estructuras ya pautadas por los *marketplaces* o mercados online que ofrecen este tipo de productos. Es decir, hay estándares estipulados y contratos predeterminados que ponen a tu disposición. Como resultado, a cambio de liberarte de todo el trabajo administrativo y de brindarte su cartera de clientes, estos canales perciben un alto porcentaje sobre las ventas.

— Ventajas

¡Otra oportunidad de ingreso pasivo! Y eso siempre es para celebrar. Por supuesto, además, licenciar arte, fotografía o elementos gráficos (por nombrar algunos), te permite explotar el potencial de una pieza al máximo. ¿Has hecho alguna vez una pieza que solo se imprimió 50 veces y te quedaste con sabor a poco? o ¿has tomado una foto que solo vieron algunos pocos y te hubiera gustado empapelar la ciudad con ella? Licenciar tus productos puede darles también la oportunidad de dejar una marca más trascendental, no requiere de ninguna inversión inicial (bueno, solo la de tu trabajo) y tampoco necesita que tengas un lugar físico para almacenarlo.

Otras oportunidades

Hay otras oportunidades de generar ingresos con lo que haces que se te abrirán cuando vayas acumulando experiencia y empieces a descubrir los nichos o lugares en los que te sientes cómodo, así como aquellos que están aún sin explotar. Es probable que como freelance explores terrenos en los que no te sientas cómodo: una buena señal de que esa vía no es para ti. Por otro lado, trata de identificar los lugares en los que sí te sientes bien: ¿te gusta hablar con las personas y piensas que eres bueno dando consejos?

A mí me encanta enseñar. El primer paso que di fue el de dar workshops. Más tarde me animé a crear clases online en inglés y en español, y me di cuenta de que la forma en la que había estructurado su contenido era útil para muchos, por lo que pensé en dar un paso más y escribir libros con ello. El primero que publiqué basado en mis clases online de lettering se tituló Los grandes secretos del lettering. Este que estás leyendo ahora mismo es el paso siguiente a haber creado una clase online en la que hablé sobre este tema.

Entonces quizás puedas en un futuro ofrecer servicios de consultoría especializada en cierta área. Y si sientes que tienes mucho para contar y se te da bien escribir, posiblemente puedas poner en marcha un blog sobre diseño o ilustración o fotografía.

Verás que todo lo que llevas a cabo empieza a entrelazarse y a relacionarse simplemente porque lo haces tú y porque tienes un conocimiento total de cada detalle. Es así como tu trabajo comienza a tener sentido, porque está hecho por ti y adaptado a tu forma de ser, pensar y hacer. Eso es lo verdaderamente único.

Ahora ha llegado el momento de definir qué es lo que deseamos hacer y cuál es la red con la que contamos. ¿Quieres empezar a vender tus propios productos y tienes una prima que también tiene un *e-commerce*? Conecta con ella e intenta obtener su ayuda para empezar tu propio *shop*. ¿Pretendes dedicarte a dar clases online? Piensa quién puede prestarte una cámara y un equipo para filmarla lo más profesionalmente posible.

Por cierto, ¿has abierto tus redes sociales? Enhorabuena, toma nota de tus *nicknames*.

Cosas que me gustaría hacer

Qué necesito para ello

Red de conocidos
que pueden ayudarme

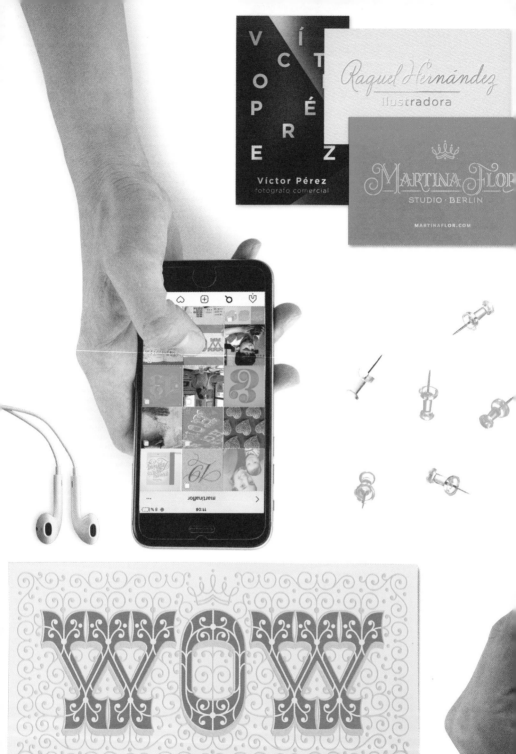

4
Encontrar clientes

Dónde y cómo encontrar clientes

Como dijimos inicialmente, la actitud del freelance es la de un emprendedor; hay que salir allí afuera a encontrar lo que estás buscando y, sobre todo, comunicarle al mundo que estás haciendo lo que haces y que estás abierto a ser contratado. Pierde el pudor a buscar trabajos, es el paso necesario para que, más adelante, te busquen ellos a ti. Vamos a ir por nivel de dificultad.

— Red de conocidos

Lo primero es contarle a tu red de amigos, conocidos y familiares que estás trabajando por tu cuenta, en qué te especializas y poner tus datos de contactos a su disposición. Ellos son los únicos que te recomendarán sin aún haber trabajado contigo, simplemente porque te conocen. De manera que si un colega de ellos está buscando un diseñador gráfico o un fotógrafo, posiblemente suelten tu nombre.

Además, si alguien de tu red necesitara algo, serás su primer referente, y ni te preguntarán si puedes hacerlo gratis, pues ahora no es un encargo que realizarás en tu tiempo libre, sino en tu horario laboral.

— Redes sociales

A veces, es difícil saber si tener redes sociales te facilitará que te hagan encargos, pues depende mucho del tipo de trabajo que realices y cómo. Sin embargo, sí es una buena forma de estar en contacto con colegas y clientes y mantenerlos al día de tus actividades y los proyectos en los que trabajas. Más adelante veremos en detalle los fuertes de cada red social. Como regla general, lo mejor es probarlas y ver si funcionan para ti, si te aportan algo o, por el contrario, te generan complicaciones.

— Coworking

Esta es una buena alternativa a realizar tu actividad desde tu casa, pues, en lugar de trabajar solo, compartes el espacio con otros profesionales y freelances como tú. Lo bueno de un coworking es que poco a poco irás generando algunas conexiones y vínculos, y esto abre la posibilidad de colaborar en proyectos con ellos. Si esa diseñadora gráfica con la que compartes el espacio está haciendo una campaña para un cliente y necesita ilustraciones, posiblemente te pida a ti que lo lleves a cabo, pues eres la persona que tiene más cercana y accesible (y también porque haces un trabajo fabuloso). Por otro lado, compartir el espacio de trabajo permite que hagas equipo si entra un encargo más grande de lo que puedas abarcar.

— Eventos y conferencias

Aquí entramos en un terreno un poco más árido, pues tienes que ir a buscar clientes cara a cara. En mi experiencia, una buena forma de hacer esta tarea más abordable es acudir a eventos relativos a tu área. Busca conferencias, seminarios y festivales que convoquen profesionales de tu misma rama o de una en la que te interesa trabajar. Algunos eventos son gratuitos y precisamente están pensados para conectar con otros y generar comunidades.

Solía asistir cada año a la conferencia TYPO Berlin. Allí hice muchos amigos y contactos.

Conversando con desconocidos conocí al editor que publicó mi primer libro.

Creative Mornings, por ejemplo, es un desayuno abierto al público, de acceso gratuito, que tiene ediciones en muchas ciudades del mundo. En estos eventos, un especialista (diseñador, emprendedor, consultor, fotógrafo, etc. por lo general del área de las artes visuales) realiza una presentación y luego hay café gratuito, de manera que los asistentes se quedan hablando y hacen contactos. Es lo que se llama un evento de inspiración y networking, y te da la posibilidad de conocer a otros colegas y también a potenciales clientes.

Ahora, es verdad que no es para nada fácil entablar una conversación con alguien de la nada. Pero aquí está la clave de buscar clientes de este modo: el evento tiene una charla o una exposición que son un gran punto de partida para una conversación. Entonces, si uno quiere hablar con alguien puede empezar con: "¿Qué te pareció la charla?" o "¿Qué opinas de la exposición?". Esto ya es un comienzo, y después podrás interesarte por la persona y preguntarle a qué se dedica, en qué área trabaja o cuál es su *expertise*, o bien presentarte a ti mismo, contar a qué te dedicas, entregar tu tarjeta personal y tomar la de la otra persona. Sin darte cuenta, has hecho un nuevo contacto.

— Dar charlas en conferencias

Esta posibilidad es un poco más compleja, pues en general eres invitado a hablar en conferencias cuando te destacas en tu materia, y eso lleva tiempo. Recuerdo que luego de la primera charla que di en alemán se me acercó un editor que posteriormente se convirtió en uno de mis clientes más importantes. Mantuvimos una charla de dos minutos, en donde me dejó su tarjeta, y luego nos reunimos para discutir un proyecto que tenía en mente.

Las charlas te colocan en la posición de "experto" y referente, y esa es una posición en la que quieres estar como profesional. Es verdad que no es del todo habitual ser invitado a dar una charla en una conferencia, sobre todo cuando uno recién empieza, pues en general los organizadores van en busca de individuos con mucha experiencia y que cuentan con una audiencia sólida. Sin embargo, hay conferencias que ofrecen la posibilidad de proponer una charla, que después es evaluada por un jurado que selecciona las que quedarán en el programa.

Si dar charlas es algo que te gustaría hacer, esta es una buena forma de empezar, porque si logras postular una sobre un tema determinado y eres invitado a presentarla, es posible que esa presentación conduzca a otras invitaciones a conferencias. Ahí puede potencialmente comenzar tu círculo virtuoso para dar charlas. Para ello, lo mejor es hablar sobre un tema específico, o casos de éxito o fracaso, o investigaciones sobre temas puntuales. Evita temas muy abiertos como "El diseño gráfico y el Art Decó" o "La fotografía de posguerra", y procura ser más puntual, como una experiencia personal o algún proyecto que resulte interesante.

— Productos promocionales

Las piezas o productos promocionales son herramientas que pueden ser muy efectivas para generar una impresión en alguien y ser memorables para potenciales clientes. Recuerdo una reunión que tuve con un gerente de una importante empresa de diseño en Berlín. Me dio su tarjeta corporativa y cuando yo le di la mía (impresa en letterpress a dos colores) la tomó y empezó a acariciarla

Como pieza promocional, suelo imprimir postales y, cada año, creo una tarjeta de fin de año, que envío a clientes y amigos. En mis inicios como freelance realicé una pieza interesante. Con un presupuesto limitado, imprimí un póster a un color, que decía "Este será un año fantástico", en alemán pues quería llegar a los clientes locales. Aún hoy, lo encuentro colgado en algunos estudios o casas de algunos colegas en Alemania. El mensaje gustó a muchas personas, que postearon fotos del póster en las redes sociales.

y a contarme cómo en su juventud solía coleccionar tarjetas que le gustaban, y que aún las conservaba en una caja. Conversamos sobre el letterpress e incluso me recomendó algunos impresores que usaban esa técnica en Berlín. Aquel día, sentí que causé una impresión en esa persona, a través de ese pedazo de papel evoqué recuerdos, generé sensaciones y empecé una conversación. Seguimos haciendo proyectos juntos hasta el día de hoy.

Como ya hemos dicho, los productos promocionales tienen la potencialidad de causar una impresión en las personas, y significan de alguna manera poner una porción de ti mismo en sus escritorios. Ya sea que tomen forma de postal, tarjeta personal, póster u objeto 3D, son una buena manera de mostrar tu trabajo y tus ideas. Un elemento promocional no ha de ser necesariamente elaborado y costoso, simplemente debe comunicar la calidad de tu trabajo. Producir material promocional es algo que debería convertirse en una tarea habitual en tu quehacer profesional, pues las ventajas son muchas.

No importa en qué formato y de qué manera, siempre haz circular tu trabajo, y los materiales promocionales son una buena forma de hacerlo, aunque no la única, como veremos más adelante.

— Ofrecimientos por mail o telefónicos

Personalmente no soy muy fan de recibir llamadas telefónicas inesperadas, mucho menos aquellas que te roban más que unos pocos minutos. Sin embargo, un contacto telefónico puede ser una buena manera de direccionar o hacer más efectivos tus intentos de abrir puertas de un cliente o colaborador.

Por ejemplo, puedes hacer una breve llamada para averiguar quién es el director creativo en una agencia o la editora de una casa editorial, y así poder enviar tu material promocional o un mail personal a quien toma decisiones en el área en donde puedes colaborar. De esa manera, tus datos de contacto no caen en la pila de papeles de la mesa de entrada o en la de mails del info@xxx.com.

Tras una llamada breve del tipo: "Hola, mi nombre es tal y hace tiempo que estoy interesado/a en trabajar con ustedes. Me dedico a esto y me encantaría poder acercarle mi portfolio o enviarle un mail con un link a mi web. ¿Estaría de acuerdo?", dirán:

"¡Sí, claro!", pues la mayoría de la gente es amigable y siempre están en busca de nuevos talentos. Después puedes o bien enviar el mail o enviar tu material por correo, de acuerdo con lo que hayas acordado telefónicamente.

La otra opción sería enviar un mail directamente, pero el riesgo a no recibir una respuesta o a que vaya a parar a la papelera es mayor. Una llamada telefónica, aunque breve, tiene el poder de generar cierto compromiso de persona a persona.

— Otras formas de lograr clientes

Hay infinitas maneras, más o menos, complejas, de entrar en contacto con clientes. En definitiva, son personas, así que es casi lo mismo que hacemos cuando queremos conseguir pareja o invitar a alguien a un café. En esto, también debes identificar qué se te da mejor: ¿eres bueno entablando conversación? Entonces apúntate a todos los eventos en los que puedas charlar con otras personas relacionadas con tu área. ¿Te gusta quedarte en el estudio pensando una pieza creativa que sorprenda y llame la atención? Adelante, sorpréndenos. ¿Te va el diseño guerrilla? Qué bueno, sal a empapelar la ciudad. Lo importante aquí es salir a buscar las oportunidades y no esperarlas. Lo primero depende de ti, lo segundo no. En el primer caso tú tienes el control, en el segundo no. Prepárate para tomar las riendas de lo que te ocurra.

Tener un representante o agente

Como freelance tienes la opción de ponerte en manos de un representante o agente, sobre todo si te dedicas a la ilustración, a la fotografía o a la animación. El representante es, como su nombre indica, alguien que te representa y que actúa de intermediario entre el cliente y tú. Negociará tus honorarios, tu tarifa, o tu *fee* y se encargará de todo el proceso administrativo, esto es, firmar contratos y facturar, así como también de intervenir en posibles conflictos que surjan durante el reclamo de pagos. Por eso, el agente o representante percibe un porcentaje del 20 o 25 % y en algunos casos puede alcanzar el 40 o 50 %.

Existe cierta controversia sobre las ventajas de tener un representante. Algunos sostienen que es una disciplina que se lucra a partir del trabajo de otros. Sin embargo, como ya verás trabajando por cuenta propia, los procesos de los que se encarga un agente pueden resultar muy estresantes y complejos, así que puede ahorrarte unos cuantos dolores de cabeza.

— Beneficios de tener un agente

Un representante, en la medida en que haga bien su trabajo, puede ser un aliado muy positivo. Por un lado, te puede poner en contacto con grandes clientes. Los clientes corporativos rara vez contactan directamente con profesionales freelance, y les gusta negociar los contratos y presupuestos con alguien especializado.

Aquí es cuando el agente desempeña un rol fundamental, no solo en facilitar al cliente un proceso de contratación profesional, sino en asegurarte a ti condiciones que compensen tus esfuerzos y tu tiempo al efectuar ese encargo, así como proteger tus derechos sobre este. Si uno de tus objetivos es llegar a trabajar con marcas grandes y de mucha exposición, posiblemente tener un agente lo facilite, aunque no quiere decir que no puedas lograrlo de forma independiente.

Por otro lado, el representante se encarga de promocionar tu trabajo. Un modus operandi habitual de un representante es el de concertar reuniones con agencias, marcas, casas editoriales y potenciales clientes para presentar y promover a los artistas y creativos que representa. En este sentido, el agente resulta de gran ayuda. Si recién empiezas, puede ayudarte a elevar tu perfil y, a la vez, a conseguir encargos que te ayuden a construir un portfolio más sólido.

Un agente también puede ser útil para negociarte unos honorarios más altos, por varias razones. Por un lado, es un actor externo, y no está involucrado emocionalmente con el proyecto, lo que le permite analizar fríamente las condiciones. Por otro, conoce el mercado, es decir, sabe el valor que tienen ciertos trabajos, y está entrenado y capacitado para llevar adelante una negociación. Esta especialización simplemente le da más herramientas para encontrar un *fee* apropiado para el encargo. Además, su ganancia es un porcentaje de la tuya, de manera que intentará negociar el *fee* total lo más alto posible. Negociar presupuestos y costes no es nada sencillo, y muchas veces en las negociaciones puede haber idas y vueltas que generen algunas tiranteces. Tras una negociación un poco árida con un cliente, pasar a la parte creativa puede ser una transición un tanto difícil, por lo que contar con un representante que negocie tu remuneración por ti te puede ahorrar momentos incómodos.

Por último, un representante puede elevar la percepción que el cliente tiene de ti, te pone de alguna manera en la posición de estrella: "Julia está muy ocupada creando arte y no tiene tiempo de hablar de dinero". *Touché!*

— Contras de tener un agente

Sí, pensaste bien, uno de los contras es que el representante se llevará un porcentaje de tus honorarios. Como hemos visto antes, esa es su retribución por ocuparse del proceso de negociación y de otras tareas administrativas que, si en el futuro te sientes confiado y capacitado para llevar a cabo, podrás hacer tú mismo y percibir los ingresos totales del encargo. Mientras tanto, que el agente se lleve un porcentaje por su trabajo es simplemente justo. Una relación con un agente puede ser muy positiva, pero también muy negativa, y eso lo vas a descubrir trabajando con esa persona o agencia. Firmaréis un contrato inicial que establece ciertas condiciones, y, como tal, deberás prestar atención a los compromisos que estarás asumiendo.

Puesto que en definitiva esta persona actuará en tu nombre ante tus potenciales clientes, es importante que tomes una decisión informada. Lee bien tu contrato y, además, pregunta a otros colegas acerca de su experiencia trabajando con ellos, ten una entrevista personal con tu representante o agencia y estudia la experiencia que tienen en cuanto a hablar y comunicarse a través de las redes, por mail y en su sitio web. Como hemos dicho, tu agente será tu cara frente a posibles clientes, por lo que es importante que tengan ciertos valores y maneras de relacionarse con otros y hacer negocios. Aquí, como regla general, mi consejo sería: trabaja con gente que te caiga bien.

— Tipos de contratos

Hay varias formas de entablar una relación representante-representado. Existen agencias que proponen firmar contratos de exclusividad, lo que significa que todos los clientes para los cuales tú hagas un encargo serán negociados por ese representante y, por lo tanto, percibirá un porcentaje de todos los trabajos que hagas. Además, no podrás tener clientes propios.

También hay contratos de no exclusividad, en donde los clientes que lleguen a través del agente serán negociados por él y, por lo tanto, se llevará un porcentaje. Sin embargo, en cuanto a los clientes que te lleguen a ti directamente, podrás elegir trabajarlos por tu cuenta, esto es, negociar las tarifas y contratos sin intervención del agente, o bien, por el contrario, decidir involucrarlo en ese proceso.

Los porcentajes que el agente percibe también pueden variar. Hay agentes que tienen un porcentaje fijo, sin importar la magnitud del proyecto, y otros que cobran porcentajes distintos dependiendo de si el proyecto es, por ejemplo, una campaña publicitaria o una pieza editorial. Esto está relacionado directamente con los presupuestos que por lo general se manejan en cada rama de la industria. En los contratos de no exclusividad, los agentes perciben un porcentaje menor si el cliente es provisto por el representado (es decir, por ti).

Puesto que en esta relación laboral el trabajo creativo está a tu cargo, el derecho de autor sobre este corresponde que quede en tu poder. Aunque parezca una obviedad, hay agencias que exigen que el trabajo efectuado a través de ellos no pueda ser mostrado en tu portfolio personal una vez se acaba la relación laboral. Esto significa que, si alguna vez decides zanjar la colaboración, no podrás mostrar ninguno de los proyectos que hiciste a través de esa agencia, a pesar de que tú hayas sido el autor. Este tipo de cláusulas abusivas existen y debes tener cuidado con ellas.

— Cómo encontrar un agente

Si quieres trabajar con un agente o representante hay varias formas de lograrlo. Piensa que se trata de personas que reciben al día una decena de mails de profesionales que, como tú, buscan una colaboración de este tipo. Si intentas contactar con ellos de esta manera, es posible que tu correo acabe en la papelera.

Los métodos para lograr clientes que vimos anteriormente son válidos aquí también. Mi recomendación es siempre buscar modos creativos de llamar la atención de un posible representante.

Como con los clientes, dirige tu atención hacia aquellos agentes con los que realmente quieres trabajar; haz una lista pequeña de tus preferidos y comienza por ahí. Esfuérzate en contactar con ellos en lugar de enviar spam a cientos de agencias que no leerán tu mail. Hoy en día, todas las agencias tienen sus portfolios de artistas online y redes sociales, donde puedes hacerte una idea

Cuando comencé a trabajar haciendo letras me propuse conseguir un representante. Investigué distintas agencias y elegí las que tenían una cartera de artistas que me parecía sólida y donde mi trabajo pudiera destacar. Hice una lista corta con las que realmente me gustaban, y de estas escogí a mi preferida y le envié una tarjeta de fin de año. La tarjeta estaba diseñada por mí y pensada para que el que la recibiera anotara sus tres deseos para ese año. En este caso fui yo la que escribió sus deseos. Eran:

1. Ser feliz.

2. Viajar por el mundo.

3. Que ustedes me representen.

Así, una semana más tarde, recibí un mail de la agencia para tener un encuentro y desde entonces ellos son mis representantes artísticos. Esa tarjeta simple pero atrevida llamó su atención e inició una relación laboral.

de los perfiles con los que trabajan. Asegúrate de que no representen a un artista que haga un trabajo comparable con el tuyo, pues no colaborarán con personas que potencialmente compitan con otras a las cuales representan.

Busca maneras creativas de contactarlos así como presenciales. Las ferias de arte son buenos lugares para ello, por ejemplo. Visítalos con un portfolio debajo del brazo con una selección breve de tus mejores trabajos. Recuerda que son personas muy ocupadas y con poco tiempo, por lo que debes elegir piezas impactantes y que cuenten rápidamente de lo que eres capaz.

Por último, echa mano de tu red y pregunta. Cuéntales a tus amigos y colegas que estás interesado en encontrar un agente y estate atento a la información que puedan proporcionarte. Nunca sabes por qué camino puede llegar el dato preciso que te abra esa puerta.

Construir un público en las redes sociales

En el pasado, los hijos heredaban de sus padres algo muy importante: su profesión. Antiguamente, era más común que raro que el hijo o hija siguiera la tradición familiar de ser médico, electricista o cerrajero. Las empresas familiares eran un reflejo de eso: generaciones enteras que aseguraban la continuidad de una compañía.

Junto con eso heredaban también un círculo de contactos, una red social, esto es, amigos, colegas y clientes, lo que les permitía seguir haciendo negocios. En el pasado, aquel que, habiendo nacido en una familia de zapateros soñaba con ser diseñador gráfico, tenía varios factores en contra. Por un lado, nadie al alcance que le enseñará el oficio y, por otro, ninguna red que requiriera de sus servicios. Por supuesto, la posibilidad de construir esa red social estaba ahí, pero las herramientas para hacerlo eran limitadas, lo que hacía la tarea muy ardua y lenta.

Hoy estamos abiertos a un mundo de posibilidades. Internet ha puesto un gran poder en nuestras manos: el de construir nuestras propias redes y círculos de contactos. Aun habiendo nacido en una familia de médicos, un ilustrador puede emprender exitosamente su propio camino, generar vínculos con pares de los que aprender e inspirarse, y mostrar su trabajo a potenciales clientes, que compren sus servicios y le permitan vivir de su profesión. Más aún, su posición en el mapa ya no es relevante y puede trabajar internacionalmente con facilidad.

Las herramientas para hacerlo son de todas las formas y colores, y podemos elegir la que más nos guste y mejor nos resulte. Por supuesto, eso requiere cierto trabajo de nuestra parte y, como toda red social (incluso la más básica de todas: nuestra familia), necesita atención y cuidado. Como trabajadores de los oficios visuales y de comunicación, hay algunas herramientas que por excelencia son las más completas. Veremos cada una de ellas y cómo dominarlas.

— Tu página web

Considero que contar con una página web propia es muy importante. Por un lado, te permite documentar lo que estás haciendo y tener un panorama de cómo se desarrolla tu trabajo. Muchas veces, al recibir un encargo de un cliente, le doy una mirada a mi sitio para ver con qué estilos estuve trabajando últimamente, si hay un elemento o paleta de color que repito y que me gustaría cambiar o evitar en un próximo trabajo. Por el otro, es útil para tus potenciales clientes y colaboradores: podrán ver qué tipo de trabajo eres capaz de hacer, pero también descubrirán quién está detrás de ellos.

Ahora, ¿cómo llegan estos clientes y colaboradores a tu sitio web? Ahí es en donde desempeñan un rol principal las redes sociales?

No es común que alguien llegue a tu página mediante una búsqueda en internet, pero es muy probable que sí lo haga a través de una red social.

— Twitter

Twitter es una red que fundamentalmente se usa para el colegueo y para dialogar con pares de tu comunidad. Funciona primordialmente con texto y puedes emitir mensajes de un máximo de 280 caracteres, aunque, por supuesto, también incluir imágenes, links y animaciones. A mí me parece una red de soporte fundamental.

A diferencia de otras redes, en Twitter los usuarios están dispuestos a compartir miradas y participar en discusiones. Personalmente lo uso como un lugar de consulta desde temas profesionales como "cuál es una buena imprenta de letterpress", por ejemplo, hasta cuestiones éticas del estilo de "cómo manejarse con un cliente que envía demasiados cambios". Además, en Twitter, puedes encontrarte con contenido interesante y relevante para tu desarrollo profesional: un artículo, un *paper* o un link a cierto sitio.

Recomiendo Twitter no solo como una herramienta para recibir contenido interesante y estar actualizado, sino también porque aporta una cuota de interacción diaria que puede ser necesaria. El trabajo del freelance es a veces solitario, y Twitter es una plataforma que, a diferencia de otras, se presta para el intercambio.

— Instagram

Esta es actualmente la red por excelencia para gente que trabaja en disciplinas visuales, pues la imagen es lo dominante.

Creo que Instagram es una buena herramienta para exponer tu trabajo de una manera diferente a la como lo haces en tu página web. Si anteriormente hablamos de curar o seleccionar bien el material que muestras en tu web y, por ejemplo, no enseñar imágenes de proceso en exceso, Instagram es un lugar para todo ese material misceláneo del día a día y también para anunciar actividades. Por ejemplo, si vas a dictar un workshop o participas de un estudio abierto, no olvides anunciarlo por este medio. Si has actualizado tu página web o hay un nuevo contenido en tu blog que merece la pena ser leído, compártelo con tus seguidores. Publicaste un libro, adelante, ¡grítalo!

Algo que considero importante en esta red es la variedad. Considera que cada imagen que agregas queda acumulada en esta suerte de portfolio, de manera que procura que un nuevo visitante a tu perfil no se lleve la impresión de que hablas solo del último libro que han publicado, o que tratas de vender productos todo el tiempo o que cansas con las fotos familiares.

Intenta intercalar los contenidos. Algo que tener en cuenta cuando compartes procesos de encargos comerciales es contar con la aprobación del cliente antes de hacerlo.

Twitter me ayuda a responder preguntas y dudas e, incluso, a resolver encargos de clientes.

A mí me gusta pensar en Instagram como si fuera un portfolio light, en donde uno muestra trabajos que va haciendo y también procesos, es decir, cómo se llevaron a cabo esos encargos, así como fotos del día a día en el estudio, de cosas que uno encuentra interesantes o inspiradoras, e incluso imágenes personales o familiares, con lo que estarás enseñando quién está detrás de esa cuenta.

— Facebook

Facebook es una red social que admite tener un perfil personal y otro profesional y, de esa manera, discriminar las publicaciones por su contenido. Es decir, que puedes construir perfiles que estén pensados para clientes, como una página profesional, y uno para amigos y familia. Sin embargo, considero que el poder de Facebook está en poder integrar todo.

Al comienzo del libro hablamos de que tu círculo personal, es decir, tus amigos, familia y conocidos, pueden ser tu primera fuente para recibir encargos. Pues bien, Facebook facilita que ellos se puedan enterar de tu actividad profesional además de lo que ocurre en un plano personal. Y esto tiene mucho sentido: tu trabajo es ahora un reflejo de ti mismo y de lo que quieres hacer y amas, de manera que una foto de tus hijos o de tus vacaciones se entremezclen con una de un proyecto reciente del que estás orgulloso no se verá extraño. A la vez, puedes también elegir que tus clientes (los que no son familia ni amigos) accedan únicamente los proyectos profesionales y no tengan acceso a tu perfil privado. Eso puedes lograrlo creando una página profesional de tu estudio y limitando las publicaciones que haces en ese perfil.

— Behance y Domestika

Se trata de sitios o plataformas en donde se puede construir un portfolio de una manera muy similar a como uno construye su página web. Por eso, también es necesario tratarlos de la misma forma, y mantener el contenido actualizado con proyectos terminados y frescos. Lo que las diferencia de tu página web es que este tipo de plataformas reciben la visita recurrente de creativos y directores de arte en busca de talentos, por lo que puedes incluir un poco de proceso: son ojos que saben interpretarlo y están interesados en conocerlo. Estas plataformas resultan sitios efectivos para conseguir encargos, pues también facilitan un inbox en el que puedes recibir mensajes. Puesto que los clientes te contactarán directamente a través de esta plataforma, tendrás que revisar tu bandeja de entrada diariamente.

— LinkedIn

LinkedIn es básicamente una agenda de contactos, para poder ir acumulando relaciones profesionales y mostrar una suerte de currículum online. Se trata de una buena plataforma para que un cliente acceda a tus créditos profesionales, pero para nosotros, que trabajamos en disciplinas visuales, no refleja la calidad de lo que hacemos y, por lo tanto, no es un lugar que visiten los potenciales clientes de nuestra área. Sin embargo, es un espacio en el que puedes mantener el contacto con clientes y colaboradores de una manera formal, es decir, sin tener que recurrir a Facebook. Recuerda agregar a tus clientes una vez que termines los proyectos, pues también ellos pueden proporcionar recomendaciones y comentarios de tu trabajo.

— Newsletter

De acuerdo con lo que hagas, estas piezas serán más o menos efectivas, y en función de ello las usarás con mayor o menor asiduidad. Si eres un freelance que ofrece servicios, una newsletter puede ayudarte a mantener actualizados a tus clientes sobre tus nuevos proyectos, o, por ejemplo, si cambiaste de estudio. Es, en otras palabras, una forma efectiva de decir "hola". Igual que tú presionas el botón de "junk" cuando te llega un newsletter, los demás también lo hacen. Para evitarlo, no te conviertas en la newsletter "maldita" que tu cliente recibe cada semana, sino en aquella ocasional que lo sorprende y logra arrebatarle dos minutos de su tiempo. Intenta incluir a cada nuevo cliente en una base de datos para tu newsletter, y envía una solo cuando tengas noticias y proyectos relevantes que contar.

Si vendes objetos o productos hechos por ti, la newsletter puede ser una herramienta mucho más útil en términos de promover compras efectivas. Intenta construir una base de datos en tu sitio o tienda online, pues esos suscriptores son personas interesadas en lo que haces y, además, en comprar tus productos. De la misma manera, no se sentirán ofendidos si les envías un número razonable de mails, pues para eso se suscribieron: para no perderse ninguna oportunidad.

WOW | We finished our 2018 wowing some friends and collaborators with this laser engraved and hand stamped postcard.

A mí me gusta enviar newsletters semestrales en las que actualizo a mis clientes y suscriptores acerca de proyectos recientes y noticias. Increíble pero real: no todo el mundo tiene una cuenta de Instagram y una newsletter puede ser una buena forma de contactar con ellos.

— Cómo ampliar tu red

¿De qué manera puedes conseguir *followers*? Piensa en las redes como si fueran un club: cuanto más contribuyas a la comunidad, más reconocimiento tendrás (que se traduce en el mundo de las redes sociales en términos de likes, retuits y seguidores). Si compartes contenido interesante, hablarán de ti los integrantes de ese club, y cuando reboten tu contenido no olvidarán nombrarte. Si te prestas a echar una mano o dar una respuesta a aquellos que la piden, entonces harás nuevos amigos. Las redes sociales no son más que un reflejo virtual de cómo funcionan las relaciones en la vida real.

En lugar de concentrarte en buscar trucos y tácticas para acumular *followers*, relájate y muéstrate como eres, sé amable y contribuye a esos pequeños vínculos que ofrece la red virtual.

Es importante que pienses en las redes como en parte de tu identidad corporativa: mantener una correlatividad con las redes a nivel visual le va a dar congruencia y seriedad a lo que estás diciendo. Esto incluye: tu foto de perfil, tu imagen de portada y tu alias o *nickname*. Que estos sean iguales en todas las redes facilita que los seguidores de una que te encuentran en otra te reconozcan más fácilmente.

La verdad es que generar contenido para las redes sociales lleva mucho trabajo y te puede absorber un buen porcentaje de tu día. Es importante que puedas seguir concentrado en tu práctica, por lo que es interesante tratar de sistematizar procesos y maneras de mostrar lo que estás haciendo en las redes sin invertir demasiado tiempo. ¿Cómo? Puedes, por ejemplo, generar contenido para las redes cada vez que terminas un trabajo de cliente y dejar todas esas imágenes o *snippets* en una carpeta lista para salir al mundo cuando tus *feeds* lo necesiten. Hay también aplicaciones que pueden ayudarte a manejar las redes de forma más efectiva, un ejemplo son Buffer o Hootsuit, pero hay muchas otras.

Si no tenemos buen trabajo que mostrar, las redes sociales no sirven de nada. Queremos ser creativos exitosos y tenemos que usar las redes sociales como un medio para llegar a un público más amplio. Así que no te dejes absorber por ellas. Dedícales el tiempo justo: ni más, ni menos.

¡Sal al mundo y pon tu nombre allí afuera! Haz una lista de los posibles eventos en tu ciudad (o fuera de ella) a los que podrías asistir para conectar con potenciales clientes y colaboradores. Tómate un tiempo para idear un material promocional atractivo que te pueda ser útil para contar lo que haces y que puedas entregar en esos eventos, así como también enviar a tus contactos. Haz un boceto con tus primeras ideas.

    ¿Has abierto tus redes sociales? Toma nota de ellas.

Eventos y reuniones

Mi primer material promocional

A quién se lo enviaré /entregaré

Mis redes sociales

DONE
is beautiful

TUESDAY   WEDNESDAY   THURSDAY   FRIDAY   WEEKEND

5
El día
a día

El espacio de trabajo

Aunque como freelance puedes trabajar desde donde quieras, el espacio de trabajo es esencial, pues pasarás allí gran parte de tu día. Dicho esto, si adoras estar en cafés y sientes que allí puedes concentrarte, entonces posiblemente sea tu lugar, pero si disfrutas de tener un espacio y de darle tu toque personal, quizás debas buscar un lugar que te lo permita. Lo esencial es que te sientas cómodo y que te facilite desarrollar todas las tareas que tu trabajo requiere.

— Trabajar en casa

Cuando recién empiezas, generalmente debes encargarte de muchas cosas y afrontar algunos gastos. Tener la posibilidad de trabajar desde casa es una buena solución a uno de los problemas, que es el espacio de trabajo. Siempre y cuando nuestra disciplina lo permita, técnicamente podemos trabajar desde donde sea: puedes hacerlo en tu Airbnb de un mes en Mallorca, o desde la habitación de un hotel. Esta flexibilidad en nuestro trabajo es genial. Sin embargo, cuando esta situación es la constante, puede presentar algunos desafíos.

Para algunos, trabajar desde casa representa la posibilidad de poder cuidar de su hijo recién nacido, o de no invertir tanto tiempo viajando. En ese caso, se requiere de cierta disciplina y que existan espacios en donde puedas hacer ciertas tareas. Procura destinar un espacio de trabajo exclusivo para ello, y no, por ejemplo, llevarte el ordenador a la cocina, más tarde sentarte en el sofá a leer mails y acabar digitalizando un dibujo en la mesa del comedor.

Establecer un lugar fijo de trabajo te permitirá también acotar el tiempo que pasas en ese espacio dedicado a tus tareas. En estos casos, vuelve a pensar en cómo sería la situación si estuvieras trabajando para alguien: ¿cómo se lo tomaría tu cliente si supiera que te pasas la jornada entera yendo de aquí para allá, regando las plantas, sentado en la cocina tomando café, tirado en el sillón patas arriba, y tan solo sentándote unos minutos en tu lugar de trabajo?

— Trabajar en un espacio de coworking

Un espacio de coworking es básicamente una gran oficina compartida con otros freelances y pequeñas empresas como tú. Si eres una persona a que le gusta interactuar con otros y no disfrutas de pasar solo todo el día, esta puede ser una buena opción para ti. Por el contrario, si eres una persona muy sociable, será la perdición, porque propiciará que te pases la mayor parte del día charlando con tus colegas.

Los coworkings están mayormente ideados para freelances y diseñados para facilitar el intercambio entre ellos. Además de ofrecer puestos de trabajo, por lo general organizan eventos, charlas y talleres que te permiten intercambiar y ampliar tu network de profesionales. Los espacios de coworking tienen diversos formatos, desde alquilar una mesa por día, hasta tener tu espacio fijo en el que puedes dejar tus cosas. Lo bueno de trabajar entre freelances es la posibilidad de intercambiar experiencias, pedir consejos (por ejemplo, si tienes dudas con un presupuesto o cómo resolver cierto problema con un cliente), e incluso acoplarte y armar un equipo para realizar determinado proyecto.

Si un proyecto que estás llevando a cabo requiere fotografía, es posible que haya un fotógrafo en tu coworking con el que puedas colaborar. Y viceversa: si alguien está trabajando en un proyecto que requiere algo de lo que tú haces, entonces posiblemente seas la primera persona a la que le preguntarán. Los coworkings promueven la circulación de gente, de manera que siempre tendrás alguien nuevo con quien interactuar y posiblemente colaborar. Dicho eso, deberás estar dispuesto a lidiar con esta circulación, que muchas veces trae consigo la presencia de extraños y otras situaciones que te distraerán.

— Oficina comunidad

Una alternativa al coworking es fundar o unirte una oficina compartida. En este caso también trabajarás al lado de otros freelances, pero el elenco será más estable. Tendrás también un espacio de trabajo fijo al que puedes darle forma a tu gusto.

En una comunidad, todos participan y son administradores, así que tendrás ciertas tareas. Las decisiones también son compartidas: desde si se puede escuchar música en altavoz hasta el color de las toallas del baño. Si se rompe algo, puede que te toque a ti repararlo, y para cualquier acción extraordinaria tendrás que invertir tiempo en reuniones y tomas de decisiones.

La posibilidad de generar vínculos y relaciones de trabajo son aún más altas que en el coworking, pues la rotación de freelances es mucho menor. Algunos de ellos llegarán incluso a ser tus amigos. Una oficina compartida es algo así como un piso compartido, también podrás hacer "casting" de quienes ingresan en el espacio, y podrás moldear el grupo humano a tu medida y de acuerdo con el perfil de los profesionales que ya trabajan allí. Ten en cuenta que en las oficinas compartidas siempre hay algo de trabajo que hacer, que se sumará a tus tareas como freelance.

— Alquilar un espacio propio

En este caso, podrás hacer con el espacio lo que te dé la gana: elegir el color de las paredes, la ubicación de los escritorios, el café... Todas las decisiones pasan por ti y no deberás consultarlas con nadie, y ninguna dependerá de la aprobación de otros: si quieres tener una reunión o escuchar música a todo lo que da, es decisión tuya. Esto abre un mundo de posibilidades, pues dispondrás, por ejemplo, de todas las instalaciones para organizar presentaciones con clientes. También podrás realizar workshops y traer a un grupo de "desconocidos" sin que nadie se alarme. Por último, y muy importante, ese espacio de trabajo será también parte de tu branding personal, y su aspecto causará una impresión en los colaboradores y clientes. Como contrapunto, deberás dar forma al lugar tú solo: encargarte de instalar las lámparas, comprar papel de cocina y sacar la basura. Igual que cuando pasas de tener una habitación en un piso compartido a un departamento propio, tu espacio de trabajo puede repercutir positivamente en tu actitud hacia el trabajo, tu organización e, incluso, en cómo te muestras frente a los clientes.

En mis principios como freelance trabajaba desde casa. Bastaba con darme vuelta para pasar de mi oficina a mi cama. Luego experimenté en una oficina comunidad con otros freelances, pero éramos 15 personas y llegar a acuerdos suponía largos debates y una gran inversión de tiempo.

Hoy en día tengo mi estudio propio, lo que me permite trabajar con un equipo, pero, además, disponer del espacio a mi gusto. Un plus: allí también puedo organizar mis workshops y mis días de open studio con total libertad.

Vacaciones, bajas y tiempo de no trabajo

Como freelance tienes la posibilidad de decidir la cantidad de licencias que te tomas. Asimismo, estas repercuten en tus ingresos, pues, a menudo, significan dejar de ganar dinero. Por ello, es necesario anticiparlas en tu plan anual y valorar el impacto que pueden tener sobre las finanzas de tu negocio.

—Vacaciones

Si poder tener más momentos de descanso es uno de los motivos por los cuales quieres ser tu propio jefe, entonces determina cuál sería la cantidad de tiempo ideal. Este será tu objetivo a medio plazo.
    Para poder lograr este fin es esencial identificar la fluctuación de trabajo a lo largo de los primeros años, esto es, observar cuándo se producen los periodos de mayor entrada de encargos (o de

ventas, dependiendo de lo que hagas) y cuáles son los meses en donde la demanda merma. De esta forma tomarás tus descansos en los momentos en que tus clientes estén descansando también. La realidad es que, como freelance, es probable que acabes leyendo el mail durante las vacaciones, pues más allá de que decidas firmemente no aceptar ningún encargo en tu receso, la idea de dejar pasar oportunidades te agregará un estrés extra. Considera también la posibilidad de repartir los descansos a lo largo del año, pues, de esta manera, procurarás momentos para "recargar energía" y trabajar mejor y más enfocado (hablaremos de tu bienestar hacia el final del libro). Además, dejar a tus clientes sin tus servicios durante cortos periodos es mejor que abandonarlos durante mucho tiempo. Si un cliente necesita hacer un *brochure*, seguramente pueda esperar dos semanas, mientras que, si debe esperar un mes y medio, probablemente buscará otra alternativa. No obstante, si quisieras o necesitaras tomar un receso más largo, también puedes acudir a tu círculo de relaciones profesionales. Hablaremos de ello en los siguientes puntos. Organizar tus vacaciones debe ser parte de tu plan anual.

— Bajas por enfermedad

"Siento mucho que no te encuentres bien, ya veré cómo resuelvo este proyecto de otra manera": una daga para un freelance en desarrollo. Como freelance tú eres tu herramienta de trabajo y tu fuente de ingresos, por lo que enfermarte tiene una repercusión directa sobre el éxito de tus proyectos en curso y sobre la posibilidad de recibir futuros encargos.

Puesto que, como todo el mundo, eres vulnerable a enfermarte, asegúrate de tener colaboradores a los que puedes recurrir en estos casos: ¿en dos días tienes un deadline importante y anoche te subió la fiebre? Entonces podrás derivar este trabajo a alguien de confianza.

Para ello, trabaja ordenadamente y organiza tus materiales y archivos de una manera comprensible de forma que otra persona pueda trabajar con ellos. Ya veremos más adelante que trabajar ordenadamente te ayudará a crecer, pero por ahora también te ayudará a resolver una posible baja por enfermedad.

— Bajas por maternidad y paternidad

¡Felicidades por tu nueva creación! Como en los casos anteriores, aquí también tienes la posibilidad de elegir libremente la extensión de tu baja. Sin embargo, como estas licencias suelen ser más extendidas (de varios meses) genera mucha inseguridad acerca de cómo afectará a tu futuro y el de tu negocio o estudio.

Una colega diseñadora me dijo una vez: "Tener un hijo para un freelance es como un proyecto más. Uno muy demandante". La llegada de mi primer hijo, Milo, trajo mucha felicidad, así como también despertó muchas inseguridades: ¿podré seguir trabajando por mi cuenta? ¿Perderé a mis clientes? ¿Volveré a hacer tan buen trabajo como antes luego de mi licencia? Durante los primeros meses, decidí no aceptar trabajos de clientes. Ese tiempo sin llamadas telefónicas y deadlines estresantes me sirvió mucho, por un lado, para disfrutar con mi niño y, por otro, para escribir y diseñar mi primer libro sobre lettering. Este tiempo especial en donde posiblemente tu rutina laboral se vea alterada puede ser también una oportunidad.

Las buenas noticias son que, a diferencia de los casos en los que te enfermas, aquí sabes medianamente el deadline, es decir, cuándo nacerá el bebé. De esta forma, puedes dedicar unos meses a planear tu receso de una forma que te permita estar con tu hijo y no descuidar tu estudio. En los meses anteriores, puedes encontrar a alguien que pueda cubrirte en el trabajo tanto como quieras, e incluso prepararlo para que conteste tus mails y se encargue de mantener tu espacio de trabajo.

Puedes acordar honorarios por hora o por proyecto. Es probable que, durante este periodo, percibas una baja neta en tus ingresos, pero debes tener en cuenta que durante esta época lo esencial es que puedas tomarte el tiempo que necesitas con tu nuevo bebé y a la vez mantener tu estudio activo y tus clientes atendidos, de forma que no debas empezar de nuevo cuando vuelvas a la carga.

El control de tus finanzas

Tener un control del dinero que entra y del que sale es esencial para poder crecer; ojalá alguien me hubiera dicho esto desde un principio. El año que empecé a tener un control mensual de mis finanzas fue seguido por un año en el que dupliqué mis ingresos. Y no exagero. Tener un control te permite planificar, relajarte con algunas cuestiones y ajustar otras, ver qué funciona y qué no.

Llevar este control requiere constancia, pues debes registrar todos tus ingresos y todos tus gastos sin excepción. Lo ideal es contar con un formulario donde ir registrando todos los gastos y los ingresos por mes, lo que te dará un panorama de lo que estás ganando efectivamente.

De acuerdo con cómo organices la plantilla te dará más o menos información. Si haces trabajo de clientes y además enseñas talleres, entonces te será útil discriminar estos ingresos y saber, por ejemplo, qué actividad te rinde más en relación con ganancia por hora.

Si dentro de tu actividad educativa además llevas adelante clases online, entonces querrás discriminar esta información también, para entender cómo te funciona eso en relación con tus workshops presenciales. Toda esta información, una vez que la analices, te ofrecerá pautas para ajustar tus energías, descartar actividades improductivas y optimizar tus ingresos. Con los gastos ocurre algo similar: puedes anotar los gastos fijos (luz, suscripciones, espacio de trabajo) y gastos eventuales, es decir, aquellos que son ocasionales, como tickets de avión o compra de hardware, por ejemplo. Así podrás determinar qué gastos son superficiales y analizar cuáles son necesarios.

Por supuesto, los gastos y los ingresos están relacionados, y posiblemente enseñar un workshop acarree gastos ocasionales. Lo importante es que la ganancia supere a lo que desembolsas.

Año		Cliente	Encargo	In Bruto	In Neto	G bruto	G neto	N° de factura	Total
1er trimestre									
Enero									
Encargos									
		Cliente	Proyecto	1849,9	1554,6			N° de factura	
		Cliente	Proyecto	1849,9	1554,6			N° de factura	
Total ingresos por encargo				3699,8	3109,2				
Gastos									
		Seguro médico				464	390		
		Espacio de Trabajo				199.9	168		
		Software				29,7	24.99		
Total egresos						493,7	558		
				In Neto		E Neto			Ganancia
Balance enero				3109,2		558			**2551,2**

Hay varios motivos por los cuales recomiendo realizar estas plantillas. Por un lado, porque me brindan parámetros realistas de cómo me está yendo el negocio. Por el otro, si un mes no me fue muy bien, saberlo me brinda motivación para trabajar más duro el próximo y cambiar la tendencia. Además, si tienes un superávit, te permitirá planear inversiones para que crezca tu negocio. Puedes usar planillas de cálculo (Google Sheets, Excell o Numbers), así como también aplicaciones (Expensify, Zoho, Mint).

Administrar el tiempo

Para ser un freelance exitoso y llevar adelante una carrera sostenible es esencial que aprendas a organizar y administrar tu tiempo. Trabajarás con varios clientes a la vez, de manera que vas a tener muchos frentes abiertos y muchas tareas distintas que llevar a cabo. En esta unidad desentrañaremos los misterios de cómo organizar una agenda que te ayude a administrar tu tiempo e impulse tu productividad.

— Una agenda que impulse tu productividad

Tu agenda será la mejor amiga de tu productividad. Si aprendes a hacer un buen uso de ella, verás los resultados muy pronto. Te propongo que te olvides para siempre de los "to do lists" y manejes tus tareas de forma que puedas asignar espacios de tiempo. Esto te permitirá ser realista con el desarrollo de tus jornadas.

Hay otras aplicaciones de manejo del tiempo (como Todoist or monday) y puedes explorarlas también. En un inicio, utilizar un calendario será más que suficiente para manejar las tareas que tengas.

Color: organiza tus tareas por categorías y utiliza color para diferenciarlas. Cada color puede representar las distintas áreas de tu negocio. Por ejemplo, puedes asignar un color para tus workshops y otro para los trabajos de clientes. También puedes asignar un color a otras tareas, como las administrativas o las de mantenimiento del estudio.

Sección de tiempo: cada vez que agregues una tarea en tu agenda, es importante que pienses cuánto tiempo necesitarás para realizarla siendo lo más realista posible. De esta manera, a cada tarea le asignarás el espacio de tiempo que te permitirá planificar y ser realista con los clientes. Intenta calcular el doble del tiempo. Está comprobado (y hablo por experiencia también) que somos muy optimistas acerca de nuestra productividad.

Tareas: incluye todas tus tareas, no solo las laborales. De esta forma, si tienes que ir a un acto escolar de tu niño a las tres de la tarde, sabrás que no será un buen momento para agendar una llamada de trabajo con el cliente.

Tareas recurrentes: clasifica tus tareas recurrentes y asígnales un momento fijo cada semana en el que realizarás varias de ellas juntas. De ese modo, puedes llevar a cabo tareas similares con más velocidad. Por ejemplo, asigna un día a la semana para facturar y efectuar pagos. También puedes bloquear tiempo mensualmente, para, por ejemplo, actualizar tu web y subir todos los proyectos nuevos que hayas realizado. En el último apartado de este capítulo, veremos un poco más en detalle algunas cuestiones sobre la gestión de tareas recurrentes.

Organización: reserva una hora un día a la semana para mantener tu calendario actualizado y asignar tareas o reasignar otras. Esta es tu mayor herramienta de trabajo, no la descuides.

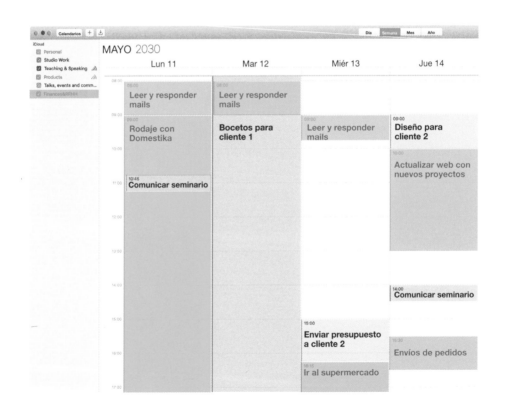

— Gestionar la carga de trabajo

Gestionar la carga de trabajo es quizás un desafío con el que vas a lidiar cada jornada de tu vida laboral. Como vimos antes, el trabajo de un freelance en fluctuante: tras haber pasado un periodo sin encargos sólidos, es posible que lleguen tres a la vez.

Los motivos para aceptar encargos pueden ser variados: porque pagan bien, porque lo necesitas, porque tienes ganas de hacerlo, o porque crees que aporta a tu portfolio. Antes de aceptarlos, debes medir si efectivamente puedes cumplir con ellos en tiempo y forma, y mantener una agenda organizada te permitirá definir si efectivamente tienes el tiempo para hacerlo.

Como veremos más adelante, otro factor que puede potenciar tu productividad cuando estés bajo presión es tener definidos ciertos procesos que son recurrentes. Así, en los momentos en los que debo manejar más de un encargo a la vez, puedo ahorrarme mucho tiempo. Cuando recibas encargos que se superpongan con otros, intenta negociar con los clientes nuevas fechas de entregas, pues, muchas veces, estos estipulan deadlines que no están escritos a fuego, sino que son estimativos y pueden ser modificados. Por último, ten en mente a tu círculo de colaboradores, ya que siempre es mejor renunciar a una parte de la paga que perder el cliente o entregar el trabajo incompleto.

— Aprender a decir "no"

Como en la vida, aprender a decir que "no" es un trabajo de años. En lo laboral, decir que "no" a una oportunidad siempre significa que otro aprovechará esa oportunidad que tú dejaste pasar.

Pero, en lugar de alejarte de oportunidades, debería darte el tiempo de poder acercarte a otras mejores. El riesgo de aceptar todos los encargos que te ofrecen, sean buenos o no, paguen bien o no, te ayuden a construir tu portfolio o no, es que ya no quede tiempo disponible cuando verdaderamente quieras aceptar ese encargo.

Entiendo que todos corremos el mismo riesgo: estar mano sobre mano, pero recuerda que todo tiempo libre te ayudará a desarrollar otros aspectos de tu negocio y a conseguir nuevos encargos y clientes. Nunca es tiempo perdido.

— Uso del tiempo libre (sin encargos de clientes)

Como dijimos al principio del libro, cuando trabajas por tu cuenta nunca no hay trabajo por hacer. El éxito de tu proyecto depende de muchas cosas que se entrelazan y que hacen que esta maquinaria funcione, pues no se trata solamente de entregar un trabajo en tiempo y forma, sino también de presentarlo en tu web de una manera apropiada para que lleguen nuevos encargos. Enviar una factura no es solamente eso, sino también elaborar un diseño que sea claro, comprensible y visualmente acorde con el trabajo que haces. Todo lo que llevas a cabo tiene capas de complejidad sobre las que debes tomar decisiones.

A pesar de que quizás en el inicio de tu práctica como freelance te encuentres con días o semanas sin encargos, ten en cuenta que más adelante esto no se vuelva a producir. Trata a tus tareas de mantenimiento de tu proyecto como si fueran para un cliente y asígnales un espacio en tu calendario. De esta forma, no se convertirán en actividades que realices cuando "tengas un hueco", sino que serán tan necesarias como enviar originales a imprenta. Así, te asegurarás de que se cumplan con regularidad y que, por ejemplo, no pases un año sin actualizar tu web porque "no has tenido un minuto libre".

Una vez que le hayas asignado un espacio de tiempo a las tareas que se supone que harías en tu tiempo libre y las cumples, entonces podrás disfrutar verdaderamente de ese tiempo libre. Y aquí puedes entregarte al ocio creativo y, por ejemplo, idear un proyecto personal o buscar colaboradores, o pensar en tu próxima exhibición o hacer brainstorming para el concepto de un libro. Usa ese tiempo para idear nuevos caminos para tu trabajo y tu estudio, o dedícalo a aprender algo nuevo o practicar el dibujo con acuarela, que lo tienes tan olvidado. En definitiva: transforma este tiempo libre en energía creativa para tu proyecto, pues nunca sabes de qué manera tus experimentaciones pueden repercutir en tu trabajo.

Organizar tus procesos

Para organizar tu proceso y poder repetir experiencias exitosas con clientes recurrentes, puede ayudarte mucho elaborar un manual de operaciones. Un manual de operaciones es un instructivo. Las empresas grandes con muchos empleados generalmente trabajan con este tipo de manuales, que estipulan formas ideales de ejecutar ciertas tareas, lo que asegura que no importa quién las ejecute, pues podrá hacerlo correctamente siguiendo los pasos adecuados. Esto ahorra mucho tiempo, ya que no se necesita entrenar a cada nuevo empleado en ciertos procesos, y evita también problemas acarreados por la subjetividad que cada uno pueda tener en su ejecución. Verás que nuestro trabajo está lleno de tareas recurrentes: contestar mails con consultas, elaborar presupuestos, actualizar nuestro portfolio, contestar preguntas de estudiantes. Tener un manual de operaciones cuando trabajamos por nuestra cuenta puede ser muy beneficioso, pues nos ahorra el tiempo de pensar qué pasos debemos seguir cada vez.

Tu manual de operaciones puede incluir:

Templates para contestar consultas de potenciales clientes: mails redactados que incluyan tu primera respuesta y posibles preguntas para entender mejor el proyecto. Si trabajas en distintos idiomas, puedes tener estas respuestas ya revisadas por un profesional o nativo, y evitar errores de redacción y ortografía.

Templates para contestar preguntas frecuentes: es posible que, con el tiempo, comiences a recibir mails solicitando respuestas generales, colaboraciones o material. Es el caso de estudiantes que quieren saber algo sobre tu trabajo, o personas interesadas en algunas de tus actividades o productos. En lugar de invertir tiempo en elaborar una respuesta personalizada para cada uno de ellos, puedes crear un mail que redireccione a la persona a links o fuentes en donde pueda obtener esa información.

To do lists para eventos frecuentes: qué debes llevar a reuniones con clientes o aquello que debes preparar cada vez que organizas un taller, de manera que no tengas que pensar demasiado y desperdiciar energía para tener todo listo.

Procedimientos para tareas recurrentes: lanzar un sale en tu shop o actualizar tu portfolio son tareas que probablemente se repitan. Cada una implica una serie de pasos que debes completar, por ejemplo, optimizar las fotos para subir a la web. Si tienes las especificaciones detalladas en tu manual, sabrás exactamente qué tamaño y resolución deberán tener estas.

Datos sobre tu negocio: datos de tu cuenta bancaria, PayPal, nombres de usuario para aplicaciones que utilices, información sobre proveedores y colaboradores.

Procedimientos administrativos: seguramente deberás declarar tus impuestos de forma regular o, si tienes un gestor o contador que te ayude con eso, tendrás que entregar la documentación necesaria. Contar con una lista de tareas estipuladas te ayudará a entregar los documentos siempre bajo el mismo estándar y no olvidar ningún paso importante.

Información técnica: cómo instalar tu impresora, cómo escanear en alta resolución o cómo conectar tu proyecto a tu ordenador son tareas que pueden consumirte varias horas si debes descifrar la manera hacerlo desde cero. Algunas instrucciones te ayudarán a no perder tiempo en ello.

Llegó la hora de pensar en algunas estructuras concretas: dónde trabajarás, qué tareas realizarás durante las primeras semanas y cuáles serán tus gastos. Con respecto al espacio de trabajo, toma nota de todas las alternativas y sus costes, y piensa en los primeros objetivos que deberás alcanzar durante las primeras semanas de trabajo. Esto debe incluir, por ejemplo, trabajar en tu página web, abrir tus redes sociales o sacar fotos de tus proyectos. Más tarde volcarás estas tareas en un calendario. Por último, lista todos los gastos que tendrás que afrontar durante los primeros tres meses (website, seguro médico, espacio de trabajo, hardware y software, etc.)

Posibles espacios de trabajo

Mis objetivos para las primeras semanas como freelancer

Gastos fijos en los primeros tres meses

Gastos variables en los primeros tres meses

MARTINA FLOR
STUDIO · BERLIN

Oferta Nr. 173204/24

Editorial Fantástica

Calle Tal - 38 13567 - DF México

Studio Martina Flor
Lettering & Custom Typography

–
Studio:
Sparrstraße 20

13353 Berlin
Alemania
Teléfono. +59 000000000
Titular: Martina Flor
Banco: German Bank
Account: 010101010101
Blz: 123456789
IBAN: DE95 9999 0000 5555 7777 00
BIC (Swift): GERTDEDB360

–
Número de inscripto: 35/446/09845
Número de impuestos internacional: DE00005555

Cubierta de Libro para *A Drowned Maiden's Hair* de Laura Amy Schlitz

---

PROYECTO
Cubierta de Libro.

USO
Arte de cubierta para *A Drowned Maiden's Hair* de Laura Amy Schlitz, y material con efectos promocionales online y offline.

DURACIÓN
5 años.

TERRITORIO
Todo el mundo.

DETALLES
Los costos incluyen la creación de la imagen con hasta 2 bocetos/propuestas iniciales, dos rondas

CONSIDERACIONES GENERALES Y DERECHOS DE USO

No incluye costos de producción o producción gráfica. Las pieza/s serán entregadas como archivos digitales de acuerdo a los requerimientos del cliente. Editorial Fantástica S.A. tiene los derechos exclusivos de uso del arte por 5 años. De ello se deriva que otros usos fuera del alcance de la licencia requerirán la extensión de la misma. El período de licencia comienza con la primera publicación de la piezas en cualquiera de sus aplicaciones.

El Copyright y derecho intelectual es de Martina Flor.

6
Ser un profesional 1: preparar un encargo

Recibir una consulta

Atención, ha llegado una consulta por correo electrónico. Este es el comienzo de un potencial encargo y a partir de aquí deberás intentar que los pasos siguientes sean lo más concretos y sintéticos posible.

Las consultas por mail adquieren infinitas formas y colores: las hay que incluyen toda la información necesaria desde un inicio, incluso un brief o descripción del trabajo detallado, así como el presupuesto disponible. En este caso, nuestro trabajo está simplificado, y podemos definir desde un primer momento si aceptamos el encargo o no.

Una vez que te han enviado el presupuesto del cliente y el brief, tienes toda la información en tus manos para aceptar o rechazar el encargo. Y es una decisión que no debes tomar a la ligera, pues aceptar un encargo es asumir un compromiso comercial y, en muchos casos, legal con tu cliente. Para definir si lo aceptas o no hay tres preguntas claves que deberías formularte:

¿Me interesa el trabajo?: es decir, aporta de alguna manera a mi práctica, ya sea agregando un buen proyecto a tu portfolio o ayudando a financiar tu práctica.

¿Soy la persona apropiada para este trabajo?: esto es, si tienes las habilidades profesionales para efectuarlo exitosamente y si dispones de las herramientas técnicas necesarias para ello.

¿Puedo cumplir con los tiempos que estipula el cliente?: confirma que tienes el tiempo disponible necesario para efectuar el trabajo apropiadamente y entregarlo en los tiempos establecidos.

— Rechazar un encargo

Cualquiera que sea la decisión, siempre intenta responder ese primer mail en menos de 24 horas. Si decidiste rechazarlo, agradece la consulta y explica brevemente por qué no puedes hacerte cargo. Algo que siempre es bien recibido es que recomiendes a alguien más para ese trabajo. Recuerda nuevamente que el amor que va vuelve.

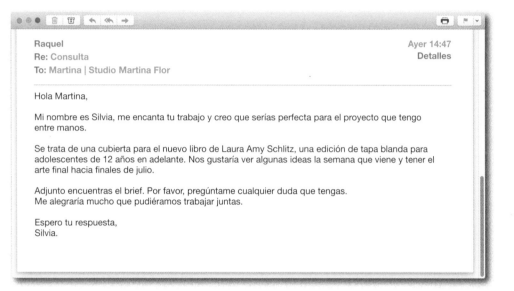

Raquel
Re: Consulta
To: Martina | Studio Martina Flor

Ayer 14:47
Detalles

Hola Martina,

Mi nombre es Silvia, me encanta tu trabajo y creo que serías perfecta para el proyecto que tengo entre manos.

Se trata de una cubierta para el nuevo libro de Laura Amy Schlitz, una edición de tapa blanda para adolescentes de 12 años en adelante. Nos gustaría ver algunas ideas la semana que viene y tener el arte final hacia finales de julio.

Adjunto encuentras el brief. Por favor, pregúntame cualquier duda que tengas. Me alegraría mucho que pudiéramos trabajar juntas.

Espero tu respuesta,
Silvia.

— Aceptar un encargo

¿Has decidido aceptar el encargo? En este mail le confirmarás al cliente tu compromiso y te asegurarás de que tienes toda la información necesaria para empezar a trabajar.

Teniendo en cuenta la variedad de opciones de un cliente para efectuar un cierto encargo, en un primer contacto, procura agradecer que hayan pensado en ti para esta tarea y aclarar todas las dudas acerca del briefing, si las hubiera, y listarlas en tu respuesta. Además, puedes contar brevemente acerca de tu proceso, así el cliente sabrá qué esperar de ti en los siguientes pasos.

Dependiendo del tipo de encargo, el cliente podrá proporcionar un contrato. De lo contrario, puedes enviar tú una oferta de acuerdo con el presupuesto disponible, estipulando también tus condiciones (ya veremos esto más adelante). De esa forma, aceptas el encargo y le das un marco legal a la contratación. Una vez hayas redactado tu mail, no olvides la regla de oro en comunicaciones con clientes: fíjate en que no haya errores de ortografía.

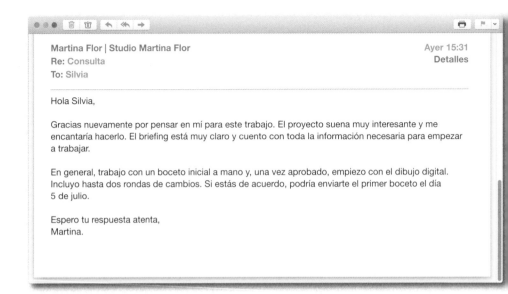

Martina Flor | Studio Martina Flor

Re: Consulta

To: Silvia

Ayer 15:31

Detalles

Hola Silvia,

Gracias nuevamente por pensar en mí para este trabajo. El proyecto suena muy interesante y me encantaría hacerlo. El briefing está muy claro y cuento con toda la información necesaria para empezar a trabajar.

En general, trabajo con un boceto inicial a mano y, una vez aprobado, empiezo con el dibujo digital. Incluyo hasta dos rondas de cambios. Si estás de acuerdo, podría enviarte el primer boceto el día 5 de julio.

Espero tu respuesta atenta,
Martina.

Por último, hay casos en los que las consultas llegan con un pedido de presupuesto (es decir, sin presupuesto predeterminado). Ahí deberemos indagar un poco más sobre el cliente y el encargo para poder elaborar un presupuesto a la medida.

Tipos de encargo

No todos los trabajos tienen una misma tarifa; sin embargo, hay ciertos estándares con respecto al tipo de encargo y su remuneración, lo que no quiere decir que no se produzcan excepciones, pero en reglas generales se moverán en estos rangos.

Encargos de medios gráficos como revistas o periódicos generalmente se manejan con presupuestos bajos y también una licencia de uso corta (de un año usualmente). Aquí, sin embargo, la exposición de tu trabajo es grande y por lo general el briefing suele ser más libre, con el potencial de generar una buena pieza para tu portfolio. Asimismo, las casas editoriales manejan presupuestos bajos, y presentan la oportunidad de crear una pieza de culto, como la cubierta de un libro, para tu portfolio.

Encargos que tienen que ver con la identidad de una empresa o marca presentan presupuestos muy variables, en general ligados al tamaño del cliente. No es lo mismo crear un logotipo para la panadería de tu barrio que para una marca que fabrica y comercializa teléfonos móviles. De la misma manera, idear un concepto de diseño de interiores para un banco tiene costes distintos que hacerlo para un centro cultural de barrio. En el primero, la cantidad de aplicaciones será mucho mayor así como la complejidad, pues tiene que poder funcionar en distintos espacios y contextos.

Los encargos de publicidad suelen contar con presupuestos abultados, pues involucran otros elementos y múltiples aplicaciones. Una campaña publicitaria no solo implica el producto creativo o la pieza visual o comunicaciones, sino también la contratación de espacios en donde aparecerá ese producto: carteles en la vía pública, en medios gráficos y revistas, espacios televisivos y eventos. Por eso, la inversión total es mayor.

El ámbito del desarrollo de producto o packaging generalmente también suele tener grandes presupuestos, pues se trata de crear una pieza que se reproduce por miles de ejemplares, y eso tiene un coste que permite invertir en su diseño. Los rangos varían de acuerdo con el mercado y el país en el cual se está trabajando, y cada disciplina dispone generalmente de listados de precios estándar, disponibles en las uniones de diseñadores, o consejos de ilustradores o fotógrafos, dependiendo de tu área. Estas son referencias muy amplias de los honorarios que maneja un mercado. Ya veremos más adelante que hay muchos más factores que influyen en el cálculo de un coste.

Poner precio a tu trabajo

Aquí entramos en un tema crucial en nuestra disciplina, porque en nuestro caso estaremos cobrando a otros por algo que nos gusta hacer, lo que tiene en general un impacto negativo en nuestra capacidad de asignarle un valor monetario, pues, aunque no te paguen bien, de todas formas disfrutas realizándolo. Esa es una forma de pensar que nos afecta y que también puede impactar sobre nuestros clientes.

Por otro lado, la naturaleza de nuestro trabajo hace que sea difícil dividirlo en tareas específicas y calcular el coste de cada una de ellas. Aunque nuestra labor es por ejemplo "crear un diseño exitoso" o "dibujar un retrato apropiado para nuestro cliente", o "elaborar una ilustración que funcione con el texto" —es decir, un todo—, resulta esencial que desde el inicio de tu práctica puedas organizar tu proceso creativo, pues, lejos de ser caótico, tiene partes y, una vez que las identifiques, podrás entender mejor el valor de cada una y organizar tu trabajo y tiempo en función de ello.

Cuando recién empezamos como freelances, la línea entre cobrar poco y cobrar mucho es muy fina. Si cobras mucho, corres el riesgo de perder el trabajo. Esto se debe a que, normalmente, el cliente pedirá presupuestos a más de un profesional y si el tuyo está muy por encima de la media, difícilmente conseguirás ese encargo. Por otro lado, cobrar poco implica que el proyecto no te saldrá a cuenta y que ese cliente al que decidiste cobrarle poco la próxima vez también querrá que le cobres poco. Así, entras en una rueda en la que los clientes con los que cuentas deseen siempre pagar poco por tu trabajo. Sin embargo, más adelante, cuando hayas adquirido experiencia y vengan a buscarte por otros proyectos exitosos que hayas realizado, las cosas serán distintas.

— Cobrar por hora o por *day fee*

Como punto de partida, es muy habitual utilizar el concepto de *day fee* (tarifa por día) para calcular un presupuesto. Corresponde al valor de un día de trabajo a tiempo completo, lo que te permite calcular también un coste por hora. El método más usado para calcularlo es el de contabilizar todos los costes y gastos para que tu negocio se mantenga en pie (esto es, tu espacio de trabajo, cargas sociales, tecnología, etc.) y dividirlo por la cantidad de horas diarias que trabajas. Sin embargo, tu *day fee* estará más que nada determinada por el mercado para el que trabajas, de manera que deberás informarte a través de colegas y medios especializados para encontrar una cifra que sea apropiada.

Este valor puede servir para calcular el presupuesto base para determinado proyecto. Supongamos que recibes el encargo de una ilustración, entonces puedes estimar cuánto tiempo en total te llevará realizar ese producto y ahí encuentras tu coste base. A esto se sumarán todas las variables que veremos más adelante. Aunque claro y práctico, el aspecto negativo de este método es que si el proyecto consume más tiempo que el pautado, deberás renegociar con el cliente el coste de ese tiempo extra, y esto puede interponerse en el proceso creativo. Por otro lado, es posible que, con la experiencia, también te vuelvas más rápido y efectivo en lo que haces, y este método de cálculo, en lugar de premiarte por tu efectividad, puede llevarte a incluso cobrar menos.

La velocidad de realización es también un valor importante en nuestra disciplina. De hecho, como regla general se cobra entre un 30 y un 50 % extra por urgencia, cuando un proyecto que tiene un *deadline* demasiado ajustado. En este contexto, utilizar el *day fee* como método de cálculo de tus presupuestos sería contradictorio.

Emplear un *day fee* como base para establecer tus honorarios es, generalmente, efectivo en el inicio de tu práctica, pero, a medida que ganes experiencia, es posible que te vayas moviendo hacia un modelo de coste por proyecto terminado.

— Coste por proyecto terminado

A medida que vayas ganando experiencia en lo que haces, representarás para tus clientes una apuesta más segura. Debes tener en cuenta que, para tus clientes, contratar a alguien sin experiencia puede ser inicialmente más económico, sin embargo, el riesgo de que ese proyecto no llegue a buen puerto es muy alto. El cliente perderá tiempo y, por lo tanto, dinero.

Contratar alguien con experiencia representa para tu cliente varios aspectos positivos: por un lado, el riesgo de que ese proyecto fracase es mucho menor, pues quien lo ejecuta, o sea tú, está bregado en proyectos de ese tipo y cuenta con más capacidades para realizarlo exitosamente. Además, al tener experiencia, controlarás mucho más el proceso, sabrás los pasos que hay que seguir y el número de pruebas y errores será menor, algo deseable a ojos del cliente. Como consecuencia, posiblemente seas capaz de asegurar un proceso de creación mucho más corto, lo que le permite a tu cliente ahorrar en tiempo y dinero.

El cliente no necesita saber si para realizar su encargo utilizaste un programa de dibujo vectorial durante dos horas, y luego hiciste unos bocetos a mano durante tres horas, o si te tomaste un día libre en medio del proceso. Lo que para él es importante es saber que le entregarás su logotipo de acuerdo con el brief inicial en tiempo y forma. Cómo llegas a ese resultado es irrelevante. Por eso, en el cobro por proyecto terminado es únicamente necesario determinar el alcance del proyecto y su complejidad. Este modelo nos permite también crecer en la medida en que adquirimos experiencia, y estaremos en la posición de decirle a un cliente que le entregaremos el proyecto sin la necesidad de justificar cada hora que le estemos cobrando. Esto no quiere decir que el proyecto no estipule rondas de cambios limitadas y determinadas normas que lo regulen, pues estos límites son necesarios para que se ejecute exitosamente.

Más allá del método que utilicemos para calcular nuestros honorarios, establecer el coste de determinado producto o servicio se ve afectado por muchas variables que veremos a continuación.

— Tipos de cliente

Hay muchas variables que tener en cuenta al poner precio a tu trabajo. La primera y fundamental desde el momento en que recibes el primer mail es entender el tamaño de tu cliente, lo que te permitirá medir la exposición del producto. Entender el valor de la imagen pública de tu cliente determina también cuán valioso es para él: una compañía que tiene muchas sucursales internacionales probablemente asigne un gran valor a su aspecto visual, porque se replica por cientos. Imprimir un nuevo catálogo (de miles de ejemplares) o rediseñar su logo (que deberá ser reemplazado en infinitos materiales de comunicación) tiene tanto un coste monetario como uno de reputación, y los dos son considerablemente más bajos que si el cliente fuese una tienda local con una única sucursal. Para reconocer esto, cuando te llega el encargo, investiga qué tipo de cliente es, qué clase de producto vende, con quién trabaja, qué tipo de exposición tiene en las redes, qué tipo de acciones de marketing hace, y toma nota de toda la información que puedas recolectar. Es muy fácil rastrear lo que determinada empresa hace y darte cuenta de su magnitud.

Otro dato importante que debes intentar averiguar es si el cliente tiene un presupuesto determinado. Aunque no siempre lo enuncien explícitamente en su primer mail, una empresa, ya sea pequeña o grande, tiene establecido en su plan de negocios o en su plan anual cuánto está dispuesta a pagar por determinado producto o servicio. Para poder obtener esta información simplemente postula la pregunta a tu potencial cliente: "¿Existe un presupuesto que deba tener en cuenta?" o directamente "¿Cuánto tiene pensando invertir en este proyecto?".

Conocer este dato no implica que no vayamos a elaborar un presupuesto más alto, pero sí nos ahorrará el tiempo de preparar una oferta detallada en el caso de que el presupuesto del cliente esté absolutamente alejado de los números que manejamos.

— **Detalles del proyecto**

Una vez que has analizado el tamaño y la reputación de tu potencial cliente, y que sabes si cuenta con un presupuesto limitado, es necesario que obtengas información puntual sobre el proyecto. Aquí, intentaremos entender la magnitud del proyecto en general y asignarle un valor a lo que tú vayas a hacer dentro de ese proceso.

Por ejemplo, si tu cliente te contrata para hacer cierta ilustración o foto que será usada para una campaña publicitaria en donde se contratarán espacios en vía pública, páginas de revistas y periódicos, y otros medios online, y también se realizará un spot televisivo, entonces es razonable que la compensación por tu trabajo sea proporcional a la inversión total por esa campaña. En otras palabras, si la empresa invierte un gran presupuesto en una campaña que está hecha a partir de una imagen que creaste, entonces tu trabajo deberá ser parte importante de esa inversión.

Para entender la magnitud de un proyecto, a continuación te muestro algunas cuestiones que debes preguntar.

Tiempos: ¿cuáles son los tiempos de realización del encargo? ¿Cuándo debería estar terminado el producto/diseño final?

Aquí podrás ver si los tiempos que maneja tu cliente son realistas o si, por el contrario, son tan ajustados que debas cancelar otros encargos que tengas o contratar ayuda. En este caso, posiblemente deberás aplicar un cobro extra por urgencia.

Complejidad: ¿qué desafíos tiene el encargo? ¿Cuántas piezas debo entregar? ¿Qué otras cosas se involucran en el proceso? Realizar una fotografía de retrato en estudio posiblemente no tenga la misma complejidad que una que requiere que te adentres en la selva o asistir a determinado evento. Así, deberás comprender cuán complejo será para ti hacer este trabajo, si necesitarás materiales extras o una producción especial.

Uso: ¿durante cuánto tiempo se utilizará esa imagen/producto y en qué regiones?

Intenta enterarte de durante cuánto tiempo tu cliente hará uso y obtendrá beneficio o rédito de aquello que creaste. También es importante definir si el uso de ese producto será local o internacional, pues asimismo define el tamaño del cliente y las potenciales ganancias que pueda obtener a través de su uso.

Exclusividad: ¿quiere utilizar el trabajo de manera exclusiva?

Esto afecta mayormente a aquellos que trabajan con ilustración o fotografía. La exclusividad determina que el cliente tiene derecho a usar ese producto de manera exclusiva, es decir, que no podrás venderlo a otras empresas o generar otros ingresos a partir de él. Por ejemplo, si tu cliente quiere exclusividad sobre el uso de determinada foto, no podrás venderla en bancos de imágenes.

Más allá de eso, te recomiendo que siempre intentes conservar el copyright de tus trabajos, pues te asigna la condición de autor de ese producto.

Aplicaciones: ¿qué tipo de aplicaciones tendrá la imagen/producto que generes?

Esta información también te dará una medida del tamaño general del proyecto, pues aquí verás cuál es la envergadura de la inversión que tu cliente está haciendo. Si, por ejemplo, quiere usar una foto que has hecho para imprimir un catálogo, infórmate de la cantidad de estos, pues 100 catálogos no es lo mismo que 1 millón por dos motivos: por un lado, porque tu cliente alcanzará a muchas más personas utilizando tu imagen; por el otro, porque el coste de imprimir 100 catálogos es mucho menor que el de imprimir 1 millón.

Los honorarios que percibas deberán ser proporcionales a la inversión total de tu cliente. Una vez que tienes esta información y ya has investigado su tamaño, solo queda una variable que tener en cuenta: tu reputación.

Tu reputación se construye a través del tiempo y el valor de tu trabajo. Si te has hecho un nombre diseñando logotipos, la empresa que se acerque a ti probablemente entienda que pagará un coste adicional por tu experiencia, y si tiene un problema que resolver, confía en que cuentas con las capacidades para ello. Ahora, si muchos proyectos exitosos y una gran trayectoria avalan tu trabajo, entonces tu cliente se acercará a ti por un motivo adicional: reducir el riesgo de que ese proyecto vaya mal.

El bajo riesgo, traducido en experiencia y solvencia, es también una moneda de cambio en lo que hacemos, y es razonable que lo tengamos en cuenta a la hora de formular nuestros presupuestos. Con el tiempo y los trabajos exitosos que lleves a cabo, tu estudio se irá posicionando y podrás cobrar un extra: el coste de haber alcanzado esta posición.

Presupuesto: ¿cuánto presupuesto tiene asignado para este encargo? Intenta indagar cuánto tiene pensado invertir en ello el cliente, no porque vayas a adaptarte a esa cifra, sino porque, si el presupuesto asignado es considerablemente menor que tus honorarios, puedes ahorrarte el tiempo de elaborar un presupuesto que será rechazado.

Elaborar un presupuesto

A la hora de elaborar un presupuesto, estas son las cuestiones que deberías incluir.

—Alcance del proyecto

Como comentamos anteriormente, el cliente no necesita saber si utilizas tal o cual software para hacer el encargo; lo que sí es relevante para él es que delimites claramente el trabajo que realizarás, cuáles son los productos que debes entregar y cuál es el briefing inicial. De esta forma, queda claro desde un comienzo que estarás cobrando por resolver determinado problema, ni más ni menos.

— Cantidad de cambios que va a tener este proyecto

Un trabajo siempre puede hacerse mejor y mientras no pongas cancelas a ese cerco, el proyecto se puede extender en el tiempo más de lo deseado. Limitar las rondas de cambios, además, optimiza el proceso en la medida en que obliga al cliente a tomarse en serio cada una de estas, y, por el contrario, no hacerlo puede provocar que las modificaciones lleguen con cuentagotas y en infinitas tandas de feedback. Por otro lado, poner límite a las rondas no define un número cerrado de cambios por ronda, pero sí un estadio en el proceso en donde tú realizarás todas las modificaciones a la vez. Normalmente, un proceso de diseño, ilustración o fotografía estipula hasta dos rondas de cambios, y, si se necesita una tercera, el cliente tendrá que pagar un coste adicional. Por supuesto, aquí está en ti evaluar si ese tercer cambio puede efectuarse rápidamente sin coste adicional o no.

— Duración o periodo de realización

Tan pronto como aceptes un encargo, este condiciona tu agenda durante un determinado periodo. Es decir que, si aceptas un trabajo que te ocupará un mes, deberás planificar tus compromisos profesionales y personales teniéndolo en cuenta. Es habitual que un encargo se extienda algunas semanas, sin embargo, puede ocurrir que tu cliente decida dejar "dormir" el proyecto durante un año y retomarlo más adelante.

Incluir en tu presupuesto una cláusula que limite el periodo en el que realizarás el proyecto te permite o bien no estar disponible para hacer el trabajo fuera de ese tiempo o tener la opción de renegociar los términos una vez que tu cliente decida retomar el proyecto.

— Servicios no incluidos

En este punto, debes aclarar todo aquello que no resulta evidente para aquel que no es un especialista en el tema. No dejes lugar para que el cliente asuma que resolverás partes del proceso que no te competen. En el caso en que, por ejemplo, como fotógrafo, envíes un presupuesto que contempla la toma de la foto, pero no incluye retoque o postproduccion, es necesario que lo aclares.

STUDIO · BERLIN

Tu logo o nombre

Oferta Nr. 173204/24

Número de oferta

Editorial Fantástica

Calle Tal - 38 13567 - DF México

Cliente y dirección

Studio Martina Flor
Lettering & Custom Typography

_
Studio:
Sparrstraße 20

13353 Berlin
Alemania
Teléfono. +59 000000000
Titular: Martina Flor
Banco: German Bank
Account: 010101010101
Blz: 123456789
IBAN: DE95 9999 0000 5555 7777 00
BIC (Swift): GERTDEDB360

_
Número de inscripto: 35/446/09845
Número de impuestos internacional: DE00005555

Información oficial de tu estudio

Cubierta de Libro para _A Drowned Maiden's Hair_ de Laura Amy Schlitz

Título del proyecto

PROYECTO
Cubierta de Libro.
USO
Arte de cubierta para _A Drowned Maiden's Hair_
de Laura Amy Schlitz, y material con efectos
promocionales online y offline.
DURACIÓN
5 años.
TERRITORIO
Todo el mundo.
DETALLES
Los costos incluyen la creación de la imagen con
hasta 2 bocetos/propuestas iniciales, dos rondas
de cambios y archivo vectorial.
COSTO
3200€

CONSIDERACIONES GENERALES Y DERECHOS DE USO

No incluye costos de producción o producción
gráfica.Las pieza/s serán entregadas como archivos
digitales de acuerdo a los requerimientos del
cliente.Editorial Fantástica S.A. tiene los derechos
exclusivos de uso del arte por 5 años. De ello se
deriva que otros usos fuera del alcance de la licencia
requerirán la extensión de la misma. El período de
licencia comienza con la primera publicación de la
piezas en cualquiera de sus aplicaciones.

El Copyright y derecho intelectual es de Martina
Flor.

En caso de cancelación del encargo luego de su
aprobación se computarán las horas destinadas al
proyecto, y aplicará un mínimo a abonar del 50%
del total del presupuesto. Si sucediera una vez supe-
rada y aprobada la etapa de boceto/propuesta, se
deberá saldar el 100% del importe presupuestado.

Detalles y costo

Condiciones

Martina Flor

Berlin, 03.07.2030

Fecha y firma

— Cancelación de proyecto

Aquí incluye una cláusula que estipule qué ocurre cuando el proyecto se cancela. Aceptar un proyecto de un cliente implica también rechazar otros, y saber que contaremos con un ingreso monetario por un proyecto nos hace asumir ciertos compromisos e inversiones.

Tan pronto un cliente cancele un encargo, incluso cuando aún no hayamos ejecutado ninguna fase del proyecto, hay ciertos gastos y pérdidas que deberemos afrontar. Por ello, es válido establecer un coste base por cancelación de proyecto (como norma del 50 %).

De acuerdo con la disciplina en la que trabajes, puedes establecer costes por cancelación en relación con la etapa del proceso en la que te encuentres cuando se cancela el proyecto. No es lo mismo que un proyecto se cancele en la etapa de bocetos a que sea llegando a la etapa final, cuando el trabajo está prácticamente terminado. Por ello, puedes establecer un coste para la cancelación del proyecto en etapas tempranas y otro en etapas finales.

Enviar un presupuesto

Llegó la hora de enviar el presupuesto al cliente, ¡cruza los dedos! El proceso de aprobar un presupuesto es muy similar al de concertar una cita con tu futura pareja. Aquí hay algunas cosas que tener en cuenta en esta parte del proceso.

Claridad: procura elaborar tu presupuesto utilizando la identidad de tu estudio. No olvides incluir de manera clara y visible tus medios de contacto, para que el cliente pueda llegar a ti fácilmente. Ponte a disposición del cliente por cualquier duda que pudiera tener, y haz un *follow up*, un contacto de seguimiento, un par de días después de haber enviado tu presupuesto.

Aprobación: si el cliente aprueba tu presupuesto, procura conservar una prueba. Puede ser un mail donde apruebe ese presupuesto o una copia del presupuesto firmada por el cliente.

<u>Próximos pasos</u>: explica tu forma de trabajar. Adelanta al cliente qué puede esperar luego de haber aprobado el presupuesto. Simplemente explica los pasos que seguirás en pocas palabras.

— Negociar un presupuesto

Enviar un presupuesto implica comprometerse con la decisión de establecer determinado coste por nuestro trabajo, lo que quiere decir que, si el cliente desea negociarlo, trabajaremos siempre alrededor de esa cifra.

Dicho esto, debes saber que el dinero no es el único factor en una negociación de presupuesto. Si el cliente no puede costear tus honorarios, pero a ti te interesa poder incluir ese proyecto en tu portfolio, entonces aquí hay algunas cosas que puedes negociar para hacerlo posible.

<u>Uso</u>: puedes negociar que la licencia de uso sea limitada: el cliente tendrá derecho a utilizar la imagen que produzcas durante un tiempo limitado. Y si desea emplearla durante más tiempo, entonces tendrás que acordar un nuevo precio y realizar un nuevo contrato. Esto le permite al cliente abordar un coste inicial por encima de sus posibilidades, pero pagado en cuotas, y a ti cobrar más por el proyecto total, pues una extensión de licencia lleva implícito el éxito de ese producto que has hecho. Aquí debes procurar mantener un control de la fecha de adjudicación y de caducidad de esa licencia. Una vez transcurrido este periodo, deberás renegociar el uso con tu cliente.

<u>Producto o trueque</u>: si el cliente se dedica a hacer un producto o a ofrecer un servicio determinado, analiza si puede traer beneficios a tu estudio. De ser así, puedes negociar una porción de tu honorario con un intercambio de servicios o productos, en cuyo caso ambas partes obtienen un beneficio.

La posibilidad de negociar otras variables te permite mantener el valor de tu trabajo intacto. Aceptar un encargo por mucho menos de lo que presupuestaste también atenta contra tu credibilidad. En caso de que, pese a ello, quieras aceptarlo, es importante que el cliente sepa que esos no son tus honorarios habituales y que aclares en el presupuesto el coste real y el gran descuento que estás aplicando al proyecto.

Limitar y extender licencias

Como vimos, la licencia de uso puede ser una parte importante del coste de tu trabajo, pues le permite a tu cliente usar el producto que creaste y obtener rédito económico a través de ello en determinado espacio (región) y tiempo. Por supuesto, una empresa siempre preferirá una licencia de uso ilimitado, pero, al tener costes muy altos, puede optar por afrontar extensiones de licencia a medida que las vaya necesitando. De acuerdo con las disciplinas en las que trabajes, el uso de las licencias es más o menos frecuente: en la ilustración y la fotografía, por ejemplo, es moneda corriente y siempre está incluida en el cálculo de costes; en el diseño gráfico o el branding, por el contrario, es poco habitual, lo que se debe a que, generalmente, el material producido es identitario de esa marca o compañía, y resultaría poco comprensible para un cliente tener que pagar una extensión de licencia de uso de su propio logotipo.

Las licencias se determinan en un tiempo, espacio y, a veces, aplicación. El tiempo estipula durante cuántos años el cliente tendrá derecho a obtener usufructo económico de aquello que creaste, y se define en términos de cantidad de años o ilimitado (es decir, por siempre). El espacio se traduce en un área de uso en ese periodo, lo que en general se estipula por país/es o "todo el mundo" (en el caso de que no haya límite territorial).

Por último, una licencia también puede limitar la aplicación y definir que determinada ilustración será utilizada solo en un catálogo y no, por ejemplo, en packaging. De esta forma, si el cliente quisiera explotar la imagen creada por ti más extensivamente y, por lo tanto, obtener más beneficio económico, esto derivaría en mayor rédito económico para ti también. Lo términos de la licencia deben detallarse en el presupuesto, pues son parte del cálculo de costes. Recuerda estipular el periodo, la región en la que se usará y, ocasionalmente, su aplicación.

Toma nota de todos los datos y haz cuentas.

Mis datos personales
(cuenta bancaria, contacto, dirección)

Mis condiciones de pago

☐ Diseño de hoja de presupuesto

Cálculo de costo operativo diario.

7
Ser un profesional 2: ejecutar el encargo

Ejecutar el encargo

Han confirmado tu presupuesto, ¡felicidades! Veremos cómo interpretar el brief de un cliente y ejecutar el encargo. Siempre digo que "el peor brief es no tener un brief", porque este delimita nuestro campo de acción y establece algunos objetivos que queremos lograr con lo que estamos llevando a cabo. Como secreto profesional te diré que un encargo que comienza con un brief "abierto" —es decir, con total libertad para hacer "lo que se te antoje"— generalmente deriva en trabajos con infinitas propuestas rechazadas y eternas rondas de cambios. Un cliente que se aproxima a ti para realizar determinada tarea lo hace con una idea en mente, por más vaga que sea. Si está más acostumbrado a elaborar briefs, en el caso, por ejemplo, de que sea un editor o un director de arte, entonces probablemente te proporcione este desde un comienzo; si no tiene experiencia trabajando con briefs, será tu tarea recolectar toda la información que puedas acerca de ese encargo. El cliente que te asigna un proyecto probablemente también lo haga porque ha visto algo en tu portfolio que es compatible con lo tiene entre manos, por lo que obtener esta información es un muy buen punto de partida y te puede ayudar a hacerte una idea inicial, aunque muy superficial, de aquello que el cliente precisa. Basta con preguntarle si hay alguna pieza de tu portfolio que le haya llamado la atención para ese encargo. Es importante recalcar que el cliente es tu mejor aliado, y así debes verlo, pues quiere tanto o más que tú que todo se realice de la manera más simple, rápida y exitosa posible. Por esto, sé cordial y educado durante todo el proceso, pues el input de tu cliente, como regla general, te ayudará a hacer mejor tu trabajo.

Un brief

A continuación veremos un ejemplo de brief ideal. Por supuesto, puede variar de acuerdo con la disciplina en la que trabajes y el encargo que tengas entre manos; sin embargo, aquí listaré algunos parámetros que deberían estar definidos para poder empezar a trabajar.

Briefing

Título: A Drowned Maiden's Hair, Autor: Laura Amy Schlitz.

Género: ficción, clásico, histórico.

Público: adolescentes, 12+.

Formato de la cubierta: 284 mm ancho (129 contracubierta + 26 lomo + 129 cubierta) x 198 mm alto.

Tiempos: entrega de arte final el 30 de julio.

Archivos: dibujo vectorial como archivo PDF con 5 mm de sangrado en todos lados.

Diseño: como la historia ocurre en los tiempos victorianos, nos gustaría que las letras estén inspiradas en esa época. Pero tiene que verse contemporáneo y fresco, en lugar de antiguo o vintage. Nos gustaría usar un máximo de 3 colores.

Contracubierta: necesitamos espacio para la sinopsis y el código de barras.

Lomo: debe figurar el título, autor y el logo de la editorial. Por favor, agrega elementos decorativos si los consideras necesarios para unir lomo y cubierta.

Tiempos: ¿cuándo espera el cliente las primeras propuestas? ¿Cuándo es la entrega del arte final? Este es el primer punto
esencial para saber si puedes aceptar el encargo. Los tiempos de
entrega deben permitirte, por un lado, cumplir con compromisos
anteriores y, por otro, cumplir en tiempo y forma con el nuevo.

Público objetivo: tu cliente es el que mejor sabe a qué público
está intentando llegar con esa pieza, y contar con esa información
limitará tu abanico de posibilidades para trabajar, lo que siempre
es positivo cuando intentamos crear un diseño o producto exitoso.

Formatos: ¿qué dimensiones necesitan tener las piezas que
debes elaborar? Si ese punto no está definido, intenta obtener
información acerca de qué uso tendrá la pieza: ¿se enviará por
correo? ¿Debe tener un tamaño pequeño fácil de conservar?
En el caso de que las dimensiones estén preestablecidas, trabaja
con las proporciones adecuadas de principio a fin.

Dirección creativa: ¿qué tipo de pieza se está buscando? ¿Hay
determinado camino estilístico que seguir o una referencia histó-
rica que deba tenerse en cuenta como inspiración? ¿Qué aspecto
debería tener la ilustración, diseño, fotografía o producto que se
está encargando? Aquí el cliente debe intentar poner en palabras
aquello que tiene en mente, aunque no sea del todo claro.

Palabras clave: intenta rescatar palabras clave que te ayuden a
trabajar en una dirección. Estas deben limitar tu paleta estilística,
tu uso del color y de otros elementos. Subraya palabras "fuertes"
del brief tales como *contemporáneo, fresco, histórico, amigable, firme.*
Con estos conceptos clave en mente podrás fácilmente confirmar
que el diseño o ilustración que has hecho se ve "amigable" o "firme",
por ejemplo.

Limitaciones: de acuerdo con el tipo de encargo, las limitaciones pueden ser técnicas o estilísticas. Por ejemplo, nuestro brief
puede establecer que debemos trabajar a dos colores, y también un
límite de elementos que utilizar en la creación de la imagen, lo que
va a influir en el resultado final.

Elementos predeterminados: estos elementos son aquellos
que debemos incluir en nuestro diseño. Por ejemplo, en el encargo
de diseñar una cubierta de libro, debemos incluir el nombre del
autor/a y el logotipo de la editorial, por nombrar algunos. Incorpó-
ralos siempre en tu proceso creativo y reserva un lugar para ellos.

Un proceso de trabajo profesional

Ya tenemos un brief y ahora debemos ponernos manos a la obra. Al llevar adelante un encargo, es importante que asumas la dirección del proyecto, lo que quiere decir que serás la parte activa de esta relación laboral y deberás no solo ejecutar el trabajo sino también establecer los tiempos, los pasos que seguir, y estar atento a recibir feedback del cliente.

— Organizar el proceso

Desde el momento en que aceptas un encargo hay un norte hacia el que caminarás, esto es, el deadline o la fecha de entrega. Todos tus pasos deberán estar calculados para cumplir con este objetivo, lo que incluye, también, estipular un tiempo para que el cliente pueda evaluar cada fase y darte feedback.

Parte de tu tarea será ahora informar al cliente de cada paso que des y reducir su cantidad al mínimo necesario, lo que implica también disminuir la cantidad de mails y llamadas, y evitar que la empresa deba invertir tiempo en darte feedback sobre puntos evitables, por ejemplo, un error de ortografía en tu diseño.

Como comentamos anteriormente, solemos ver los procesos creativos como algo caótico, difícil de ordenar. Cuando trabajamos con un cliente, es importante poder resguardarlo de nuestro proceso creativo, y la incertidumbre que este a veces conlleva, así como seleccionar aquellas fases que compartiremos para obtener feedback para poder llevar el encargo a buen puerto. Esto significa que, si nuestro proceso creativo comienza con una infinidad de bocetos y opciones, solo mostraremos al cliente una breve selección de aquellas ideas que nos parecen más apropiadas. De esta forma, evitaremos confundirle presentando un mundo de posibilidades y, en su lugar, podrá centrarse en aquellas más apropiadas. Ordenar y seleccionar es parte importante de nuestro trabajo.

Procura identificar fases relevantes en un proceso tipo de aquello a lo que te dediques. Por ejemplo, si eres ilustrador, separa tu trabajo en una primera parte en la que presentes ideas, otra en la que avanzas con una de ellas, trabajas digitalmente y agregas color, y otra más en la que entregas el resultado o arte final. De este modo, también ordenarás y limitarás las fases en las que el cliente te podrá dar feedback, y evitarás un sinfín de mails de ida y vuelta con una gran cantidad de diseños y feedback desordenados.

— Ordenar los pasos

La elaboración de un proyecto puede incluir varios intercambios telefónicos o por mail, sobre todo si contamos los correos iniciales acerca del presupuesto y la definición del brief.

Dependiendo del tipo de cliente que haya realizado el encargo, tu trabajo también se compartirá internamente dentro de la compañía, lo que implica que tus PDF se enviarán de una cuenta a otra, algunos mails que no tienen la capacidad necesaria volverán rebotados, y hasta a veces será difícil identificar cuál PDF es el original y cuál es una versión actualizada. Todo esto interfiere en un proceso que queremos que sea lo más limpio y directo posible.

Por ello es importante poder tener un espacio en donde todos tengan acceso a las fases del proyecto, incluyendo el brief inicial y otra información importante, como los deadlines, el nombre de la empresa y el interlocutor con el que trabajarás. Una opción para ello es generar un acceso a clientes dentro de tu página web. De esta forma, contarán con una página privada en la que podrán acceder todas las etapas del proyecto.

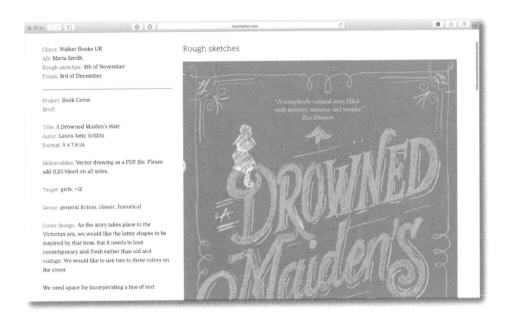

Client: Walker Books UK
AD: Maria Smith
Rough sketches: 4th of November
Finals: 3rd of December

Project: Book Cover
Brief:

Title: A Drowned Maiden's Hair.
Autor: Laura Amy Schlitz
Format: 5 x 7,8 in.

Deliverables: Vector drawing as a PDF file. Please add 0.25 bleed on all sides.

Target: girls, +12

Genre: general fiction, classic, historical

Cover design: As the story takes place in the Victorian era, we would like the letter shapes to be inspired by that time. But it needs to look contemporary and fresh rather than old and vintage. We would like to use two to three colors on the cover.

We need space for incorporating a line of text.

Rough sketches

Esta página debe contener, en primer lugar, los datos básicos del proyecto, esto es:
- Título del proyecto
- Cliente
- Director de arte o interlocutor en el proyecto (aquel que da el feedback)
- Fechas de entrega de bocetos y finales
- Brief detallado

De esta manera, todo el proceso queda claramente volcado en una página y no en infinitos mails, con lo que evitamos confusiones y malentendidos con el cliente.

Utilizar un recurso de este tipo os permite tanto a ti como a tu cliente tener una vista clara sobre las etapas del proceso que se han cumplido. Esto tiene dos cosas a favor: por un lado, la sensación de que el proceso avanza, y de que hay un punto de partida y un objetivo final; por otro, el cliente puede cerciorarse de cuántas rondas de cambios dispone y, en el caso de que se supere el número de revisiones, se verá reflejado visualmente en esta plataforma. Será, por lo tanto, más sencillo para ti renegociar las condiciones. Procura mantener las etapas del proceso rotuladas con títulos simples y comprensibles. Para cada una de ellas, incluye la posibilidad de descargar una presentación en una calidad superior para imprimir. De esta forma, el cliente puede disponer de los archivos para sus reuniones internas.

— Presentar el trabajo

Dependiendo del proyecto que tengas entre manos, las presentaciones para el cliente serán más o menos elaboradas. Si estás trabajando en una identidad corporativa, seguramente prepararás una presentación de varias páginas, que contemple todas las aplicaciones posibles; si estás haciendo una foto de producto, incluirás algunas versiones de la misma foto, con y sin retoque.

Aquí también es esencial que el cliente solo vea aquello sobre lo que debe dar feedback: no incluyas muchas fases del proceso, selecciona lo que vas a mostrar y hazlo de una manera limpia y clara. A continuación, te muestro algunas cuestiones que debes tener en cuenta cuando prepares una presentación para clientes:

Que sea simple: deja que tus diseños sean la estrella de la presentación. No pierdas tiempo haciendo presentaciones hiperdecoradas y con animaciones complejas. Invierte todo ese tiempo en que tus diseños se vean lo más ricos posible.

Que lleve tu branding: incluye el logo de tu estudio y tu contacto. Ten en cuenta que tu presentación probablemente sea discutida en reuniones internas y compartida. Es importante que en todo momento esté claro quién es el creador de estas imágenes.

Que especifique de qué proyecto se trata: incluye el nombre del proyecto y el interlocutor o director creativo.

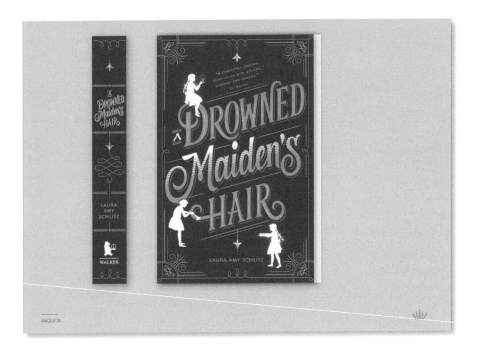

MAQUETA

Que incluya los diseños desplegados individuales: o sea, el diseño tal cual es, sin contexto.

Que incluya *mock ups*: muestra el diseño aplicado sobre una situación de uso real. Por ejemplo, si estás diseñando una ilustración para una taza, entonces enseña el diseño aplicado sobre ella.

— Enviar el trabajo

Una vez subidos todos los archivos a la página web y de confirmar por última vez que no hay errores de ortografía y que no falta nada, llegó la hora de enviarle la presentación al cliente. Evita elaborar mensajes largos y complejos, el trabajo hablará por sí mismo, y asegúrate de que el mail incluya la información indispensable:

- Una Explicación breve de lo que estás enviando.
- El link y la contraseña que deberá usar el cliente
  para acceder a la página web privada del proyecto.
- Las aclaraciones necesarias.

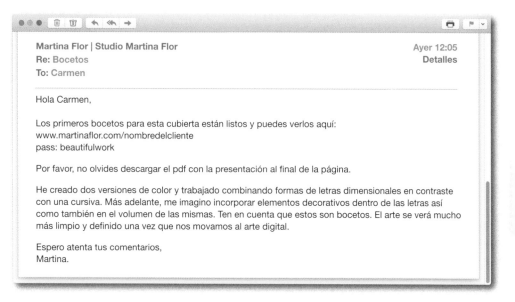

Martina Flor | Studio Martina Flor   Ayer 12:05
Re: Bocetos   Detalles
To: Carmen

Hola Carmen,

Los primeros bocetos para esta cubierta están listos y puedes verlos aquí:
www.martinaflor.com/nombredelcliente
pass: beautifulwork

Por favor, no olvides descargar el pdf con la presentación al final de la página.

He creado dos versiones de color y trabajado combinando formas de letras dimensionales en contraste con una cursiva. Más adelante, me imagino incorporar elementos decorativos dentro de las letras así como también en el volumen de las mismas. Ten en cuenta que estos son bocetos. El arte se verá mucho más limpio y definido una vez que nos movamos al arte digital.

Espero atenta tus comentarios,
Martina.

Aquí será necesario que apliques tu subjetividad: ¿mi cliente necesita que lo guíe a través de la presentación? o ¿ha mostrado tener muy en claro lo que está buscando? Hay quienes necesitan de cierta persuasión e intercambio cara a cara para tomar algunas decisiones, y otros que pueden proyectar fácilmente cómo tus creaciones se verán funcionando en el mundo real.

Si consideras que tu cliente necesita ese servicio extra, ponte a su disposición para realizar una llamada de teléfono y acompañarlo mientras visualiza la presentación. Si el proyecto lo precisa, es decir, tienes en manos un proyecto grande y complejo que requiere tu presencia y gestión dentro de la compañía para que llegue a buen puerto, entonces concierta una cita y preséntate con tus diseños. Por cierto, no olvides tener en cuenta ese tiempo extra de gestión a la hora de elaborar tu presupuesto.

— Recibir feedback

La empresa ya ha visto la presentación con tus ideas y diseños, es tiempo de recibir feedback. Como dijimos anteriormente, el feedback del cliente es muy necesario porque es él quien conoce el producto y el público para el cual estamos diseñando.

Como regla general es importante que el feedback quede consolidado por escrito. Si el cliente se comunica contigo por mail, podemos tomar eso como un documento formal donde la devolución ya ha quedado registrada; si se comunica contigo telefónicamente, asegúrate de tomar nota y transcribir las conclusiones de la conversación por mail, para así obtener una confirmación por escrito.

Si tienes dudas acerca del feedback enviado por correo, asegúrate de repreguntar lo que creas necesario. Una vez que tus pasos que seguir estén claros, comunícale al cliente qué esperará de ti a continuación y cuándo.

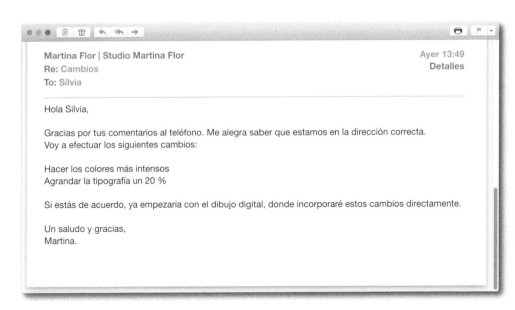

Martina Flor | Studio Martina Flor   Ayer 13:49
Re: Cambios   Detalles
To: Silvia

Hola Silvia,

Gracias por tus comentarios al teléfono. Me alegra saber que estamos en la dirección correcta.
Voy a efectuar los siguientes cambios:

Hacer los colores más intensos
Agrandar la tipografía un 20 %

Si estás de acuerdo, ya empezaría con el dibujo digital, donde incorporaré estos cambios directamente.

Un saludo y gracias,
Martina.

— Entregar el proyecto o los archivos finales

Llegó el día de entrega de archivos finales. De acuerdo con la disciplina en la que te desempeñes, entregar un proyecto puede significar cosas distintas. De la misma manera, preparar archivos finales implica requerimientos técnicos distintos cuando eres un ilustrador digital que cuando eres un fotógrafo o haces diseño de producto. En todos los casos, el cliente deberá recibir el archivo de forma apropiada para su implementación y cumplir con esos requisitos te sumará puntos y te ahorrará dolores de cabeza después de entregado un trabajo.

Antes de poner los archivos a disposición del cliente asegúrate de que estén en el formato apropiado y que cumplen las especificaciones técnicas proporcionadas inicialmente (formato, tipo de archivo, código de color, etc.). Como cada paso del proceso, inclúyelo en la página privada del cliente y proporciona un link para descargar los archivos.

Asegúrate de obtener la confirmación final de que el cliente ha descargado los archivos y de que todo está en orden.

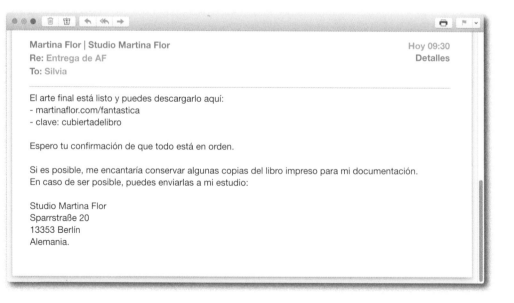

Martina Flor | Studio Martina Flor   Hoy 09:30
Re: Entrega de AF   Detalles
To: Silvia

El arte final está listo y puedes descargarlo aquí:
- martinaflor.com/fantastica
- clave: cubiertadelibro

Espero tu confirmación de que todo está en orden.

Si es posible, me encantaría conservar algunas copias del libro impreso para mi documentación.
En caso de ser posible, puedes enviarlas a mi estudio:

Studio Martina Flor
Sparrstraße 20
13353 Berlín
Alemania.

— Solicitar material para tu documentación

El cliente ha descargado los archivos correctamente, ¡felicidades! Ahora es el momento de cerrar el proceso creativo de este encargo, pues lo que viene a continuación pertenece al plano administrativo: la facturación.

Antes de despedirte y agradecer por un proceso de trabajo agradable, esta es una buena oportunidad para solicitar ejemplares físicos de aquello en lo que trabajaste. Como dijimos anteriormente, es importante que lleves un registro de todo lo que el estudio va produciendo y los ejemplares físicos son parte de ello. Te servirán para mostrar tus proyectos en tu página web de una manera más profesional y te ayudarán a promover tu trabajo en las redes sociales, y, así, atraer nuevos encargos.

Apenas recibas los ejemplares del cliente, hazle algunas fotografías para subir a tu página web y luego archívalos bien. Este material puede ser valioso para, el día de mañana, exponer tu trabajo o hablar sobre él en reuniones con clientes.

Facturar un trabajo

Enviar una factura es, como ya podrás imaginarte, algo muy gratificante. Más allá del aspecto monetario, significa que has podido conducir un proceso de trabajo profesional exitoso haciendo lo que gusta y en lo que eres bueno. Y es para festejar.

Como regla general, una vez que obtienes la confirmación del cliente de que la entrega de archivos finales está en orden, ya puedes facturar el trabajo. Idealmente, elabora esa factura dentro de las siguientes 48 horas y envíala, de esa forma verdaderamente habrás cerrado todas las etapas. Aunque los requerimientos de una factura varían de acuerdo con cada país, generalmente manejan los mismos elementos. Si las reglas del país en el que tributas lo permiten, procura elaborar facturas que tengan tu branding, esto es, tu logo y elementos corporativos. De esa forma, el cliente identificará fácilmente a quién pertenece. Para preparar tus facturas, ten en cuenta los siguientes puntos:

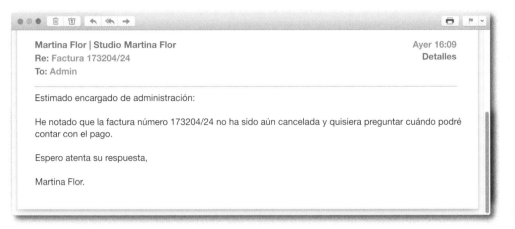

Martina Flor | Studio Martina Flor
Re: Factura 173204/24
To: Admin

Ayer 16:09
Detalles

Estimado encargado de administración:

He notado que la factura número 173204/24 no ha sido aún cancelada y quisiera preguntar cuándo podré contar con el pago.

Espero atenta su respuesta,

Martina Flor.

Número de factura: para poder mantener un orden en tus finanzas y rastrearla fácilmente entre tus archivos.

Tus datos: tu nombre o el nombre de tu estudio, tu dirección y teléfono.

Información de cuenta: detalla el nombre del titular, el número de cuenta y demás información pertinente. Incluye estos datos de manera visible, pues aquí es donde el cliente deberá ingresar el pago.

Nombre del proyecto: un nombre que el cliente pueda reconocer fácilmente e identificar el proyecto entre todos los otros que maneja.

Detalles del trabajo: explicitar lo que se está facturando, si fue una ilustración a dos colores, o un logotipo con aplicación en tarjetas personales o papel membrete.

El monto: aquí deberás escribir el monto de la factura incluyendo impuestos si corresponde.

Consideraciones generales y derechos de uso: puedes incluir algunos de los puntos que se acordaron en la etapa inicial del encargo. Si has pactado determinado periodo de licencia, debes escribirlo aquí.

Firma y fecha: esto es importante para que el cliente pueda enviar el pago en tiempo y forma.

Tiempo de pago: incluye un texto que indique en qué termino de tiempo debe realizarse el pago. Tu factura también puede estipular un porcentaje de recargo superado cierto margen de tiempo. Posiblemente, la persona a la que debas enviar el pago no sea la misma que aquella con la que llevaste adelante el proceso creativo. Por ello, recuerda presentarte, indicar el proyecto que estás facturando y nombrar a aquel con el que lo realizaste dentro de la empresa. Por cierto, agrega una alarma en tu calendario que te recuerde constatar en tu cuenta que el pago se realizó.

— Cobrar un trabajo

No es necesario remarcar la importancia de cobrar por tus trabajos. Sin embargo, de acuerdo con el país donde vivas, la línea de pagos estará más o menos retrasada y muchas veces tendrás que escribir a los clientes para recordarles el pago de una factura vencida.

Parte de tu trabajo será asegurarte de que los pagos se efectúen. Para ello, usar una plantilla con los ingresos y gastos te dará una visión de qué pagos se realizaron. Ten en cuenta que el pago retrasado de un cliente puede también traerte problemas para pagar a tus proveedores y retrasar tu cadena de pagos, generando costes adicionales que no tenías planeados. Procura contactar con el cliente mediante un mail amable tan pronto como constates que ha vencido la factura.

Llegó la hora de prepararte para tu primer encargo profesional. Deberás tener listas tus hojas de presupuesto, tu pie de mail, tus facturas, y tus *templates* de presentación. Toma nota de toda la información que deberás incluir.

- [ ] Plantillas para presentación
- [ ] Diseño de facturas

Pie de mail (información a incluir)

Mis clientes o encargos soñados

8
Crecimiento sostenible

Mantener la distancia justa

La clave de construir una carrera sostenible es hacer un buen trabajo, y eso no solo implica obtener resultados estéticamente agradables y exitosos, sino que involucra aspectos técnicos así como también humanos. Debemos saber interpretar un briefing correctamente, poder incorporar el feedback del cliente y entregar el trabajo en tiempo y forma. Entre todo ello, el factor humano desempeña un rol fundamental: el cliente debe tener una buena experiencia de trabajo durante el proyecto.

En las disciplinas creativas, en donde se desarrolla nuestro trabajo, hay muchas otras cuestiones involucradas más allá de nuestro conocimiento técnico: nuestras emociones y nuestro ego tienen un papel importante, por lo que es difícil a veces mantener distancia y actuar con la "cabeza fría" en el proceso de creación. Cuando enviamos una propuesta inicial a un cliente, lo hacemos pensando que ese es el camino correcto o la mejor solución. Por esta razón, recibir un feedback negativo o una propuesta rechazada es muy duro y puede ser frustrante. Esa situación ha inspirado infinidad de memes acerca de la relación diseñador/creativo/ilustrador y sus clientes (casi siempre en los que aparecen perros y gatos luchando), y con razón, pues nuestra primera reacción es defender aquello en lo que pusimos tanto trabajo y, muchas veces, corazón.

Pero hay algo que debes tener siempre en mente cuando realizas un encargo para un cliente: él quiere tanto como tú que el resultado sea un trabajo extraordinario, desea que resulte una pieza que comunique lo que él quiere comunicar y tú quieres que sea digna de incorporar en tu portfolio. En ese encargo, tu cliente es tu mejor aliado y así debes considerarlo.

"Educar" a los clientes

Nuestra disciplina trabaja con personas que también tienen sentimientos, atraviesan días buenos y también días malos. Es parte de tu trabajo aprender a tratar con personas, escondidas bajo el nombre de "clientes".

No todos los clientes con los que colaboremos tendrán el mismo nivel de preparación para dirigir un encargo en nuestra disciplina. Es decir, no todos serán expertos en diseño, ilustración, fotografía o consultoría, y, por ello, debes también reconocer los puntos en los que reforzar tu comunicación. Si tu cliente no tiene conocimientos de tipografía, explica brevemente el porqué de tu elección tipográfica para su catálogo; si no es experto en fotografía, dile por qué es más recomendable que la foto de retrato mire hacia la derecha; no sabe lo que es un dibujo vectorial, entonces cuéntale de qué se trata y por qué consume tanto tiempo.

Si no entiende lo que está viendo o por qué tardas tanto en elaborar algo, lo más posible es que reaccione negativamente. En cambio, si llega a comprender todas las etapas del proceso por el que están yendo juntos, entonces tendrá más empatía y, por lo tanto, una sensación de progreso y mejor predisposición.

Trabajar con distintos mercados

Si tienes la oportunidad de trabajar internacionalmente, verás claramente los diferentes niveles de preparación que tienen tus clientes para trabajar con tu disciplina. Dependiendo del país, notarás que los briefs tienen mayor o menor nivel de definición, y el feedback mayor o menor nivel de precisión, y, por lo tanto, los encargos contarán con distintas extensiones en el tiempo (y más o menos dolores de cabeza).

Eso se debe a que las disciplinas creativas se han desarrollado de manera dispar en el mundo. En países que se han industrializado tempranamente, los oficios creativos y la comunicación visual también lo hicieron, pues la producción de bienes de consumo y el crecimiento de las ciudades hizo que disciplinas como las nuestras florecieran y se establecieran. El diseño de producto y la arquitectura les dieron forma a los objetos, mientras que el diseño gráfico, la fotografía, la ilustración y la publicidad se ocuparon de posicionarlos en el mercado y venderlos. Esto significa que si trabajas con mercados más "nuevos", es posible que debas realizar un trabajo más duro de "educar" a tus clientes, y en aquellos en donde el rol de las disciplinas creativas ya lleva años establecido, menos.

Definir estándares para tu trabajo

Es importante que cuando te llegue un encargo te detengas un momento para pensar si realmente quieres aceptarlo, porque, una vez que lo haces, tienes que darlo todo.

Hoy en día, todo lo que produzcas va a quedar guardado en internet, en la calle, en una biblioteca, y eso va a hablar de tu trabajo como profesional. Por eso, es importante que definas tus estándares, esto es, ciertos parámetros con los que tu trabajo debe cumplir.

Definir estándares en cuanto a tu quehacer también define un mercado con el que vas a trabajar y tiene un impacto directo en tu día a día. Trabajar para clientes que quieren soluciones rápidas y sin tener demasiado en cuenta la calidad del resultado posiblemente te mantenga trabajando contrarreloj, con estrés y con resultados poco satisfactorios. Por el contrario, hacerlo para clientes que le dan relevancia a la calidad te permitirá desarrollar ideas, cometer errores, buscar soluciones, aprender cosas en el camino y llegar a resultados más gratos.

Nosotros determinamos el tipo de proyectos que haremos, ese es nuestro gran poder como freelances. La decisión de poner estándares para tu trabajo definirá el tipo de clientes que atraerás, y no al revés: si decides trabajar con cierto nivel de calidad, entonces aceptarás encargos que permiten, mediante el tiempo y la remuneración que ponen a tu disposición, abordar un proceso exitoso. Así lo entenderán también los clientes.

Establecer estándares tiene que ver con cuestiones éticas tanto como estilísticas. En cuanto a las éticas, puedes decidir no trabajar para causas con las que no estás de acuerdo: si tu trabajo ayuda a comunicar a tus clientes algo, poner tus servicios en favor de ello implica también estar de acuerdo con ello. En este sentido, siempre es importante informarse en profundidad sobre el proyecto en el que vamos a trabajar, conocer sus objetivos y el background del cliente.

En cuanto a los estándares estilísticos, puedes plantearte estándares que te impulsen a prestar atención a los detalles y a que tu trabajo tenga calidad formal. Estos criterios no son los mismos

Este es un trabajo que acepté algunos años sin estar completamente informada de todos los textos a los que acompañarían las ilustraciones. En el momento de ponerme manos a la obra y tras haber firmado un contrato, me di cuenta de que había un texto con el que no estaba de acuerdo. Nuestro trabajo en el área de la comunicación visual y la creatividad ayuda en mayor o menor medida a comunicar un mensaje. Entender las causas con las que estamos contribuyendo es parte de aceptar o no un encargo. Procura no contribuir con nada que vaya en contra de tus principios.

para alguien que se dedica a la fotografía que para el que hace ilustración vectorial o diseño de interiores. Si realizas un trabajo de autor, puedes proponerte emplear ciertos elementos, y, si lo haces como consultor, puedes establecer que tus soluciones estén basadas en conceptos innovadores, por ejemplo.

Los estándares estilísticos y formales que determiné para mi trabajo, que está mayormente enfocado en la tipografía, son los siguientes: 1) coherencia y consistencia (que todos los elementos que forman parte de un diseño estén ahí por una razón); 2) detalle (atención y trabajo en todos los elementos), 3) personalizado (hecho especialmente para ese proyecto), 4) buena calidad formal (que las formas sean bellas), 5) que sea novedoso (un aporte a la práctica creativa), 6) que sea legible (que comunique lo que tiene que comunicar). Te propongo que hagas tu propia lista de estándares para que, de ahora en más, cada trabajo que hagas cumpla con estos requisitos.

Hacer que un cliente vuelva

Si has realizado un buen trabajo (esto es, has llevado a cabo un resultado exitoso, has sido agradable y profesional, has escuchando el feedback del cliente y has dado lo mejor de ti en cada una de las etapas del proceso), es muy probable que el cliente vuelva a considerarte para futuros trabajos, o que te recomiende.

Un cliente que ha trabajado contigo probablemente te tenga en cuenta para un nuevo proyecto, m<ayormente porque te has convertido para él en un activo predecible. Esto no quiere decir que tus resultados no sean sorprendentes, sino que el camino para llegar a ello es conocido y, por lo tanto, le da a tu cliente una mayor seguridad acerca del resultado y le asegura menos dolores de cabeza. Aquel cliente que vuelve está buscando repetir la experiencia inicial.

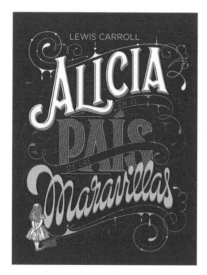
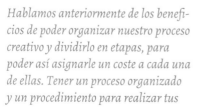

Hablamos anteriormente de los beneficios de poder organizar nuestro proceso creativo y dividirlo en etapas, para poder así asignarle un coste a cada una de ellas. Tener un proceso organizado y un procedimiento para realizar tus encargos es útil aquí también, pues será el vehículo para repetir la experiencia de tu cliente. Estas cubiertas corresponden a dos encargos que vinieron de parte de la misma casa editorial, después de que el primero fuera satisfactorio.

La experiencia del cliente está en cada detalle, desde el más grande (los pasos del proceso, la forma en la que compartes presentaciones con él, el tipo de resultado que entregar, los costes) hasta en los detalles más pequeños (la hoja membrete que usas para enviar tus presupuestos, el tamaño y el color de la tipografía que eliges, y la extensión de tus mails), de manera que, para repetirla, deberás tener todos ellos bien presentes.

Mejorar la calidad de los encargos

Obtener mejores encargos es directamente proporcional a lo confiable que seas para tus clientes y tus potenciales clientes. A medida que ganas experiencia y llevas adelante proyectos exitosos, representarás para ellos una apuesta segura, pues sabrán qué esperar de ti, y que tus resultados cumplen con ciertos estándares. La confianza tiene un coste y tus clientes están dispuestos a pagar por ello. Aquí es cuando puedes empezar a cambiar tu forma de calcular tus honorarios.

Anteriormente hablamos de dos modelos para calcular el valor de tu trabajo y elaborar presupuestos. Es en este punto en donde probablemente tengas las herramientas para cambiar de modelo de cálculo de honorarios por hora a uno por proyecto terminado (*véase* "Un proceso profesional de trabajo"). El cliente, en ese caso, pagará por las horas de trabajo y también por tu experiencia, y la posibilidad que representas de efectuar el proyecto exitosamente. Aunque cobrar más por los encargos supone sin duda una mejora, también es vital atraer encargos más grandes y ricos. A continuación, hablaremos de acciones concretas que podemos llevar a cabo en pos de recibir encargos más complejos, así como también conseguirlos.

Mejora tus habilidades: acude a talleres, trabaja en proyectos paralelos, lee libros (como este que te tienes ahora en tus manos). Todas las habilidades que incorpores te harán un mejor profesional y te darán la capacidad de abordar tareas nuevas. Las cosas cambian muy rápido y tienes que estar al día. Decir que "la programación no es para mí" simplemente atenta contra tus posibilidades de progresar. No debes ser el mejor en todo, pero, al menos, has de tener una idea sobre de qué va, cómo funciona y qué puedes conseguir con ello. Así, si un proyecto requiriere una habilidad que no dominas, podrás buscar ayuda en tu círculo de colegas.

Acércale propuestas a tu cartera de clientes: lo bueno de tu cartera de clientes es que ya conocen lo genial que eres en lo que haces. En lugar de esperar que te asignen mayores responsabilidades, puedes proponerte para asumir otras tareas. Por ejemplo, si te contratan para el rediseño de un logo, puedes postularte para hacer toda la identidad y sus aplicaciones; o si te piden cubrir fotográficamente la celebración del décimo aniversario de la compañía, puedes proponerles realizar un fotorreportaje con entrevistas y retratos de sus empleados. Los clientes suelen entusiasmarse con las buenas ideas, aún más si alguien puede resolverlo todo por ellos.

Repiensa tu manera de presentarte: ya pasó tiempo desde que decidiste dar el salto y trabajar por tu cuenta. Ahora eres alguien con experiencia, más seguridad y mejor reputación. Tu foto de perfil, ¿habla de cómo te posicionas en este momento? Posiblemente, tu bio y tu website también necesiten ser revisados. Los encargos que recibes son un reflejo de cómo te muestras al mundo.

Abre el juego: una vez que empiezas a ganar reputación, tienes experiencias que contar y algo para transmitir. Si lo quisieras, es un buen momento de abrir el juego. ¿Siempre soñaste con ser orador en conferencias? Postula una charla. ¿Se te da bien enseñar? Adelante, graba tu primera clase online u organiza tu primer taller. ¿Has creado herramientas digitales para tu trabajo durante este tiempo? Puedes publicarlas y ponerlas a la venta para que otros también las usen. Diversificar tus ingresos amplía tu audiencia y hace que todas las áreas de tu negocio se retroalimenten. Aquel que te vio en una clase online posiblemente también desee comprar esos pinceles para dibujo vectorial que usaste en ella. El que disfrutó de tu charla en una conferencia te seguirá en Instagram, o se apuntará a tu clase online.

Cuidar de tu principal herramienta de trabajo: tú mismo

Tú serás inicialmente el motor de este proyecto, la principal fuerza de trabajo y, por lo tanto, deberás cuidar de ti seriamente. Como trabajamos en algo que nos gusta, tendemos a pensar en ello como en algo placentero. Sin embargo, cumplir con los tiempos y compromisos de un encargo nos pone en estado de alerta, y este estado es sin duda necesario para ejecutar la tarea de una manera profesional y efectiva, pero si no hacemos los descansos necesarios, puede generarnos estrés y malestar. Cualquier cosa en exceso, aunque sea lo que más nos gusta en la vida, puede hacer que la odiemos.

Puesto que tú eres quien cubre las tareas, es muy fácil sobrecargarte excesivamente de trabajo, ya que no tienes que obligar a nadie a trabajar horas extra. Es posible que te encuentres ejecutando ese cambio del cliente que llegó después de hora, porque igual es un minuto y "ya te lo quitas de encima". Siendo tu propio jefe, puedes también ser el jefe más explotador y odioso que hayas tenido.

Asigna espacios para comer y descansar, recuerda también levantarte y caminar si tu trabajo requiere que pases muchas horas sentado. Piensa dos veces antes de quedarte despierto hasta la madrugada para ejecutar un encargo con un deadline imposible. El descanso es esencial para que puedas tener mejores ideas y seas más productivo. No dejes que dominen tu vida y eliminen otras cosas que también disfrutas y te hacen feliz.

— Crecer y delegar tareas

Parte de no abusar de la fuerza de trabajo con la que cuentas (o sea, tú) es la de saber identificar cuándo delegar tareas. Contratar ayuda no implica necesariamente tener empleados, pero puede significar colaboradores ocasionales que te liberen de ciertas tareas y habiliten tiempo para que puedas dedicarte a hacer crecer tu proyecto. El desafío es no desatender ninguna tarea que pueda afectar a tu negocio, y encontrar el equilibrio es difícil.

Mi tiempo libre semanal. Personalmente, me llevó mucho tiempo entender la importancia de cuidar de mí para poder hacer un buen trabajo. Solía creer que el estándar de un freelance exitoso era el de estar siempre trabajando hasta altas horas, durmiendo poco y sobrecargado de encargos. Eso hizo que muchas veces tanto mi motivación como mis capacidades se vieran afectadas. No pierdas de vista que esta es tu oportunidad de crear el trabajo perfecto para ti y que te haga feliz, más allá de la imagen que hayas visto en las películas de lo que un freelance debe ser.

A medida que avances en tu proyecto, y tu reputación y tu valor como profesional aumenten, serás demasiado caro para realizar ciertas tareas. La declaración de impuestos que antes hacías en dos de tus días libres será ahora más conveniente delegarla en un gestor o contador. Es más reditualble invertir esas horas en buscar nuevos clientes, comunicar lo que haces o planear los siguientes pasos para tu negocio. Tu oficina no necesita de tus manos para estar limpia: si contratas a alguien que lo haga por ti, podrás dedicar ese tiempo a actualizar tu web y, así, atraer nuevos clientes.

— Contratación de ayuda

Tú eres el que en un inicio ha ideado esto que hoy es tu estudio, negocio o proyecto, que ya está en marcha y cada vez tiene más tareas, por lo que te necesita más que nunca para marcar un norte y alinear objetivos.

En la medida en que avances con tu negocio, los proyectos serán más grandes, las responsabilidades mayores, y también aumentará el riesgo de que algo vaya mal. Delegar parte del trabajo te permitirá no hacerte cargo de las tareas del día a día, y tener una postura más visionaria sobre hacia dónde quieres que vaya tu proyecto. Nosotros, los que trabajamos en disciplinas creativas, muchas veces hacemos trabajo de autor, y es fácil creer que si no lo ejecutas tú, no tendrá la misma personalidad y corazón. "Nadie puede hacerlo como tú" y, por eso, te destacas por sobre los demás. Sin embargo, eres una persona que tiene solo dos manos y, por lo tanto, una capacidad limitada de tomar trabajo. En la medida en que quieras crecer, es posible que tengas que buscar la manera de despegar tu persona de la producción de tu estudio o negocio. Y es posible.

Seguramente haya parte de tu proceso de creación que pueda ser ejecutado por alguien más: si lo tuyo es la ilustración, no es necesario que tú mismo escanees los bocetos y los prepares para enviar al cliente; si eres fotógrafo, seguramente no necesites montar y desmontar el set de fotografía; si eres diseñador de tipografías, puedes delegar el espaciado en alguien más; si tienes una tienda online, puedes pedirle a otra persona que suba las imágenes de un nuevo producto en la página por ti. Siempre hay algo que puede ser ejecutado por otro. Imagínate crear el diseño y concepto general, y que alguien más se ocupe de realizar los cambios del cliente de "mover esto 2 cm a la derecha" o "aumentar el tamaño de la imagen un 20 %". Suena bien, ¿no?

Tu rol se moverá entonces de la posición de ejecución a una posición de supervisión: deberás corroborar que está hecho bajo tus estándares. Y he aquí lo más maravilloso de delegar trabajo: tus estándares se volverán más estrictos, pues ahora no eres tú el que tiene que cumplirlos al pie de la letra, por lo que si es necesario hacer un cambio, lo harás sin dudar, ya que no eres más aquel

Una foto tras el segundo "puertas abiertas" que organizamos en el estudio. No hubiera sido posible sin este equipo, pues fue un trabajo enorme seleccionar y exponer la producción del estudio de los últimos años. Lo mismo ocurre con este libro: Soraya y Josefina planearon y sacaron las fotos que lo componen, entre otras cosas. Elías, por su parte, trabajó intensamente en el layout.

que debe ejecutarlo. Puesto que los comienzos de un freelance son, generalmente, muy inciertos, es muy difícil despegarse de esa rutina de gastar lo mínimo necesario. Mantener este mindset por mucho tiempo, lejos de hacerte prosperar, puede causar que tu proyecto se estanque y, posiblemente, fracase. Si llega el momento en que tienes el deseo de escalar tu negocio, anímate a posicionarte como aquel que marca el rumbo y supervisa. Dar el paso de contratar a un empleado parece muy grande, pero puedes empezar con algo intermedio, como contratar a un practicante o un freelance que haga algunas tareas para ti. Esta experiencia te servirá para establecer una dinámica y también para comprobar que más manos logran más cosas.

Lidiar con la competencia

Muy posiblemente haya muchísimas personas que hacen lo que tú haces, pero nadie lo hace como tú. En el contexto actual de globalización y explosión de las redes sociales, estamos expuestos constantemente a ver lo que otros realizan, así como también a que otros vean lo que nosotros llevamos a cabo. Estar excesivamente pendiente de la producción de nuestros pares puede provocar que perdamos el foco en nuestro propio trabajo.

Una característica de nuestro tiempo es que estamos expuestos a muchos estímulos y fuentes de inspiración. Tal es así que cuando nos sentamos a trabajar lo hacemos con múltiples influencias en la cabeza, tantas que no las podemos identificar. La posibilidad de influenciarnos unos a otros con nuestro trabajo está latente. La clave para diferenciarse y, a la vez, poder disfrutar de tu quehacer es centrarte en lo que te gusta, y llevarlo a cabo de la mejor manera posible, sin importar mucho lo que hagan otros. Lejos de pecar de soberbio, estar concentrado en la búsqueda de formas para mejorar tu trabajo, en lugar de pendiente de lo que otros hacen, te diferenciará naturalmente de tu competencia.

Procura también ampliar tus referencias y moverte fuera de las redes sociales, y busca inspiración en movimientos estilísticos de otras épocas y otras disciplinas; de esta forma, podrás reinterpretarlo con ojos contemporáneos.

En otras palabras, juega tu propio juego.

Y AHORA QUÉ

El primer año como freelance puede ser duro, pero probablemente
no sea el más duro de todos. Apenas te lances como emprendedor
tendrás un círculo de conocidos y conexiones que se pondrá en
acción, y esto te mantendrá ocupado trabajando y resolviendo las
bases de tu negocio. Durante ese tiempo estarás poniendo en marcha la rueda pero, además, te conocerás trabajando y te enfrentarás a los primeros problemas. Aprenderás mucho.

Es imprescindible poder establecer un norte o una visión de
hacia dónde quieres ir. Aunque al principio estés tú solo sentado en un escritorio con un portátil, no pierdas de vista dónde te
quieres ver en unos años. Esto te dará la motivación diaria para
continuar.

A medida que te mueves hacia adelante con tu proyecto, verás
que te enfrentarás a nuevos problemas. Sin embargo, también
tendrás otras herramientas y recursos para afrontarlos, y dejarás
de ocuparte de cosas que no te interesan tanto para dedicar ese
tiempo exclusivamente a aquello que deseas hacer. El objetivo
último de empezar nuestro propio negocio es que, en definitiva,
este trabaje para nosotros.

Es tu turno

Llegamos al final de este libro, y con suerte su lectura también
ha sido un espacio para reflexionar acerca de algunos aspectos
de este proyecto que estás por abordar. A tu pregunta de si
tendrás éxito como freelance: no lo podemos saber de antemano.
Tampoco hay contextos ideales o imposibles. Están en tu poder
las herramientas y la motivación para abordar este nuevo desafío
y darlo todo.

No hay nadie que pueda asegurarte la efectividad de tal o cual cosa, eres tú quien puede darle una oportunidad y ver lo que funciona para ti. En el camino te encontrarás con problemas, cometerás errores, tendrás miedo, y momentos sin motivación. Es parte del trabajo mantenerte en movimiento, aunque en ocasiones parezca que el viento no sopla a tu favor.

Eso sí, dale tiempo: no va a ocurrir de la noche a la mañana. Tendrás que trabajar en ello y tener paciencia para ver los primeros resultados. Necesitarás empezar por algún lado y poco a poco ir construyendo. Con suerte, este libro te dará las herramientas para dar el gran salto. ¡Éxitos!

A todos aquellos con los que te mantenido pasionales charlas sobre ser freelance y emprendedor como Matteo Bologna, Josefina Álvarez, Diego Bresler, Neil Summerour y Sol Matas.

Siempre a mis padres, por apoyarme en todos los caminos que emprendí. Al equipo de Domestika y a todos sus alumnos, que me envalentonaron a dar este paso. A Mónica Gili, Aina Otero y María Serrano, de Editorial GG, por saber ver el potencial del contenido y ayudarme a moldearlo. A Josefina Anglada, Soraya Cremallé Sa y Elias Prado por realizar parte esencial de este proyecto. Gracias a mi familia, Ilja, Milo, y especialmente a Felix, que llegó de la mano de este libro.